学校における トラウマ・ インフォームド・ケア

SC・教職員のためのTIC導入に向けたガイド

卜部　明 著（　　　　床心理士）

遠見書房

はじめに

　1995 年の阪神・淡路大震災のあと，PTSD という診断名が一般に知られるようになり，「こころのケア」という言葉がしばしば使われるようになった。現在，こころのケアという言葉の意味は広くなり，心理的支援とほぼ同義で使われることがあるが，当初は事件・事故，災害などに遭遇したために生じる心身の健康に関する問題を予防したり，その回復を援助したりする活動を指すものであった。

　その後，学校におけるこころのケアが注目されるようになった出来事として，2001 年大阪教育大学附属池田小学校での事件がある [39]。事件の発生を知った多くの精神保健の専門家が，事件当日池田小学校に向かった。この事件のニュースをみたある精神科医の発案により，山口県でクライシスレスポンスチームが発足した。これは精神科医をトップとした多職種から構成されたチームを，事件や事故の直後 3 日間程度，学校に派遣するものである。また，池田小学校の事件とは別に，福岡県では生徒の自殺があった中学校に，直後の 3 日間支援を行ったことをきっかけとして，重大な出来事のあとに臨床心理士が学校に派遣されるシステムが整い，緊急支援と呼ばれるようになった [43]。緊急支援はその後，広く学校関係者の間で知られる言葉になった。

　危機は最前線の人によって即座に対応されれば小さく収まるのであり [119]，緊急支援はその手助けをするものである。一方，重大な出来事のあと，3 日間で支援のニーズがすべてなくなるわけではない。トラウマの影響は長く続く可能性があり，その後は学校の教職員が中心となって対応にあたることになる。また，何か出来事が起きたとしても，すべてのケースで外部から支援者が派遣されるわけではない。その場合はもちろん教職員が支援を行うことになる。緊急支援として学校外から支援者が派遣されるか否かに関わらず，学校として危機への備えが必要である。

　学校におけるこころのケアについては以上のような経緯があったが，それとは別の新しい流れが生まれている。それはトラウマ・インフォームド・ケ

ア（Trauma-Informed Care; TIC）である。これは，病院，施設，学校などにおいて，その職員がトラウマについて学び，その影響を理解したうえで，運営にあたるという考え方である。すでに米国では TIC に関する法律ができており，実践，普及の段階に入っているという[59]。この考え方が生まれた背景には，疫学的調査の結果，多くの人がトラウマ体験をしており，その影響が後のさまざまな問題に関わることが明らかになったことがある。そして，わが国で行われた調査でも，トラウマ体験は決して珍しいものではないことがすでにわかっている。

　だが，トラウマは精神保健の領域でも比較的新しいテーマであり，これまで十分に目が向けられてこなかった。子どもたちがどのようなトラウマ経験をして，どのような影響を受けているのか。それが日常にどのような形であらわれているのかについて学校関係者が学ぶ機会は少なく，あまり理解されていない。

　これまで「指導が難しい」とされた子どもの中には，トラウマが影響しているケースが含まれていると考えられる。TIC の考えが広まり，トラウマの理解が深まることによって，これまで指導困難ケースとされた子どもへ効果的な対応ができるようになることが期待される。

　TIC において，まずはトラウマについて学び，その影響を把握することが適切な対応を行うための前提となる。第 1 章ではトラウマ体験とトラウマ反応について，第 2 章ではトラウマケアについて概説した。TIC を実践するための前提として知っておきたいトラウマ概論である。そして第 3 章では学校におけるこころのケアについて述べた。緊急事態への対応はトラウマ・インフォームド・ケアにも含まれる。緊急支援が必要となるような出来事のあと，学校という場で，どのようにケアを展開していくのか。基本となる考え方，留意点を記した。すでに緊急支援は行われてきたことだが，そのような事態が起きたときの対応に関する学校関係者の理解は必ずしも十分とはいえないのが現状である。第 4 章ではトラウマ・インフォームド・ケアを実践していくために重要な考え方を解説した。本書は，学校においてトラウマ・インフォームド・ケアを実践していくために，その準備として学んでおきたい内容をまとめることを意図した。ここで示す情報は限られたものであり，まさに基礎知識というべきものと考えている。より詳しい情報は各種文献をご覧いただければ幸いである。

　なお，どのページからでも読めるように記述したため，内容が重複している箇所がある。ご了解いただきたい。

　筆者は20年あまりカウンセラーとして学校に勤務してきた。その中で，学校現場における支援の重要性と難しさをしばしば経験した。本文中にいくつかのエピソードを記した。それは実際のケースをもとに一部改変したものであるが，知識が単なる知識にとどまらず，現場で役立つものになることを願って記したものである。

卜部　明

目　次

学校における
トラウマ・インフォームド・ケア

トラウマ体験とトラウマ反応

トラウマ体験

　当事者にとって強いショックとなるような出来事があると，その出来事が過ぎ去ったあとも，その影響が続くことがある。出来事の受け止め方は個人差があり，広い意味では，どのような体験もトラウマ体験になり得るが，精神保健の領域では，通常，多くの人にとって強い衝撃をもたらす出来事があったとき，それをトラウマ体験という[70]。

　小西[81]は，トラウマとなる出来事の特徴を5つ挙げている。①予測不能であること，②コントロールできないこと，③非常に残虐なこと・グロテスクなこと，④自分が大事にしている何かを失うこと，⑤暴力的なことである。これらは，人に強いショックを与える出来事がどのような性質のものであるかを示している。

　心的外傷後ストレス障害（Posttraumatic Stress Disorder; PTSD）の診断基準（DSM-5）[注1]において，出来事は，「実際にまたは危うく死ぬ，重傷を負う，性的暴力を受ける」こととされ，その出来事を直接体験することだけでなく，目撃すること，そして家族や友人が体験することなど間接体験も含まれている。この診断基準において出来事は限定的だが，間接体験も含まれるという点で，対象者は広がる。

　米国薬物乱用精神保健局（Substance Abuse and Mental Health Services Administration; SAMHSA）は，『SAMHSA のトラウマ概念とトラウマインフォームドアプローチのための手引き』の中で，トラウマを次のように定義する[132]。「出来事（Event）や状況の組み合わせの結果として生じる。そ

注1）DSM（精神障害の診断・統計マニュアル）は，米国精神医学会によって作成された診断基準。ほかに世界保健機関（World Health Organization; WHO）による ICD（国際疾病分類）がある。

れは身体的または感情的に有害であるか，または生命を脅かすものとして体験（Experience）され，個人の機能的および精神的，身体的，社会的，感情的またはスピリチュアルな幸福に，長期的な悪影響（Effect）を与える。」

　トラウマの定義は多数あるが，支援について考えるときには，あまり限定的にとらえず，トラウマになるかもしれない出来事（potentially traumatic event）としてとらえることが実際的である。成長過程にある子どもたちの場合，なおさらである。以下，トラウマになり得る出来事も含めて，トラウマ体験とする。

　子どもたちにとってトラウマになり得る出来事は，事件・事故，災害，虐待，DV（ドメスティック・バイオレンス），家族のアルコールや薬物の問題，いじめ，離婚，家族や親しい人の死，慢性的な病気，ケガや手術，施設へ移ることなど，さまざまである。

　テア（Terr, L. C.）[142] は，事件や事故をはじめとする予測できない単発の出来事（タイプⅠ）と，虐待など繰り返し続く出来事（タイプⅡ）に分け，それぞれで反応のあらわれ方が違うことを示している。ちなみに，子どものトラウマに関心が向けられるようになったのは，1979 年にテア [141] が，スクールバスジャックに遭遇した子どもたちの研究を発表したのがきっかけであり [113]，比較的最近のことである。

疫学的研究

　WHO が 24 カ国の成人約 7 万人を対象に行った調査では，国によって違いがあるが，全体平均で 70.4% の人がトラウマ体験をしており，30.5% の人は 4 回以上体験していた [12]。トラウマ体験として多かったものは，近親者の予期せぬ死（31.4%），死者あるいは重症者の目撃（23.7%），路上強盗（14.5%），生命の危険のある交通事故（14.0%），家庭内暴力の目撃（12.9%），命に関わる病気（11.8%）であった。PTSD の生涯有病率[注2] も，国による違いがあるが，全体では 3.9%，トラウマ体験をした人では 5.6% であった [76]。また，わが国では 60.7% の人がトラウマ体験をしているという結果であり，PTSD の生涯有病率は全体で 1.3% であった [65]（図 1）。

　注2）生涯有病率とは，一生のうちに一度はその病気にかかる人の割合。

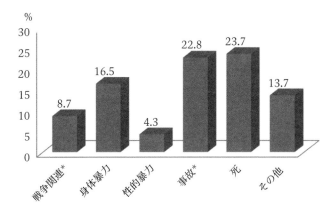

＊　自然災害 5.4% は「事故」に含まれている。「戦争関連」
　　には，紛争地域で生活していたことが含まれる。

図1　わが国でのトラウマ体験者の割合

　WHO とは別の調査だが，わが国で 18 歳から 29 歳の女性 883 名を対象
にした研究がある[93]。53.1％が自然災害以外のトラウマ体験をしており，こ
れは WHO による調査とほぼ同じである。時期別では，小学生のときに 21.2
％，中学・高校生のときに 27.5％がトラウマ体験をしていた。小学校，中
学・高校はそれぞれ 6 年間あるが，1 年あたりで考えると，毎年 4 ％前後の
児童生徒たちがトラウマ体験をしていることになる。なお米国では，17 歳ま
での子どもの約 2/3 がトラウマ体験をしていると考えられている[118]。

　わが国においてもトラウマ体験をする子どもは少なくない。トラウマ体験
をした子どもたちすべてに治療が必要なわけではないが，ケアの潜在的ニー
ズの高さを示すものであり，子どものトラウマの問題は公衆衛生上の課題と
いえる[54]。報道されるような大きな出来事だけでなく，日常の中にあるトラ
ウマ体験に目を向け支援をしていくことが，学校現場で子どもたちの精神保
健に関わるうえで重要なテーマである。

回復の経過

　トラウマ体験後の経過は 6 つのパターンがある[124]。すなわち，症状が認
められない resistance（抵抗），症状が比較的速やかに改善する resilience
（レジリエンス），少し時間はかかるが回復する recovery（回復），症状の軽

快と悪化を繰り返す relapse-remission（再燃・寛解），症状が続く chronic（慢性），少し経って症状が悪化する delayed（遅発性）である。通常，トラウマ体験のあと，半数以上が「抵抗」か「レジリエンス」に該当する。

　子どもたちの場合，「レジリエンス」，「回復」，「慢性」，「遅発性」の4つがみられることが多いが，「遅発性」はみられないこともある[1]。半数以上は「レジリエンス」，1/3 ～ 1/4 は「回復」，一部は「慢性」となることが多いが，このパターンは成人とよく似ている。そして6カ月後くらいまで症状が改善していくことが多いが，それを過ぎると自然な回復はあまりみられず，介入が必要である。

　図2は，事故で負傷入院した子ども（190名，平均10.7歳）の回復経過を示したものである[83]。経過が3群に分かれている。レジリエンス群が57%，直後に臨床レベル（診断がつく状態）を超えていたが1カ月ほどの間に臨床レベル以下となり，半年後にはレジリエンス群とほぼ同レベルまでおさまった回復群が33%，慢性群が10%であった。この結果は，直後の段階で予後を予測することは難しいことを示している。

　一般成人を対象とした調査であるが，2001年の米国同時多発テロのあと，1カ月後にはセントラルパークから南に住むニューヨーク市民の7.5%がPTSDであったが，4カ月後には1.6%，6カ月後には0.6%になっていた[44]。時間の経過とともに症状がおさまっていくことがわかる。

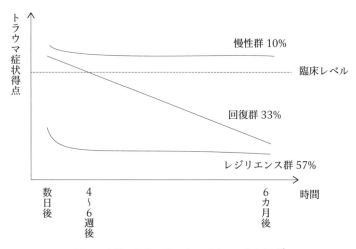

図2　事故で負傷入院した子どもの回復経過[83]

　慢性PTSD（3カ月以上持続）のリスクが高いものを識別する明確な方法はわかっていないが[84]，最初の1カ月ほどの様子は，予後を予測するのに役立つ。直後の段階で臨床レベルを超えるような強い反応を示していても，多くの人は自然回復によって1カ月以内におさまっていく[82]。1カ月ほど経過するうちに当初の苦痛が着実に小さくなっているのなら，おそらくその後も症状は改善していく。もし反応が持続あるいは悪化しているか，または顕著な問題となるものなら，専門家の支援が必要であると考えられる[17]。

　PTSD症状の持続期間は，出来事によっても異なる[68]。PTSDの診断を完全に満たすかどうかではなく，PTSD症状があるかどうかの期間を調査した結果だが，もっとも長期におよんでいたのは戦闘経験であった。そのほかに，身体的虐待，ストーカー行為，誘拐，強盗，性的暴行，DV目撃などの影響がほかの出来事と比較して，長く続くことがわかっている。

トラウマ体験後の反応と経過に影響する要因

　トラウマ体験後の反応と経過に影響するものとして，これまでさまざまな要因が指摘されている。PTSDのリスクに関するメタ分析[注3]の結果，全体としては，トラウマ体験時およびトラウマ後の要因がより重要であることが示されている。トラウマ後の要因はまさに支援に関わるものである。

　成人を対象としたメタ分析では，トラウマの激しさ，生命の危険の認知，トラウマ体験時の解離[注4]，トラウマ体験時の感情反応，トラウマ後の生活上のストレス，ソーシャルサポートの欠如などがPTSDのリスク要因として上位であった[20, 117]。

　子どもを対象としたものでは，トラウマ体験時の主観的経験とトラウマ後の要因の影響が，トラウマ以前の要因やトラウマの激しさよりも，PTSDのリスクに大きく関わっていた[150]。大きな影響を与える要因として，トラウマ体験時の恐怖，生命の危険の認知，ソーシャルサポートの欠如，合併する心理的問題，家族機能の低さ，思考の抑圧，社会的ひきこもりなどが挙げら

注3）メタ分析とは，あるテーマに関する複数の研究結果を統計的手法により統合したもの。

注4）トラウマ体験時の解離とは，その時の記憶がない，外側から自分をみている状態になる，時間の流れが遅いなどである。

れている。子どもの場合，家族機能が挙げられているが，それは支援の観点からいうと，本人だけでなく家族への支援が重要であることを示すものである。

エピソード

　Aさんは自転車に乗っているとき，車と接触した。幸い軽傷で，擦り傷と軽い打撲だけだった。家庭では，「大したケガでなくてよかった。これからはもっと気をつけなさい」と言われて話は終わった。

　事故があったことを聞いたスクールカウンセラー（SC）は母親と面接した。Aさんの様子を詳しく聞くと，Aさんは事故の記憶がないという。事故のとき，Aさんは生命の危険を感じる（「死ぬ」と思う）ほどの恐怖を体験したであろうこと，家庭で配慮してほしいこと，そして今後についての話をしてその日の面接を終えた。まわりの大人は，身体的なケガの程度は心配するが，心理的な側面に目を向ける人はあまりいない。

　ここで上位に挙げられたもの以外に注意を要する要因として，トラウマ歴がある。これは以前からリスク要因として指摘されているものだが，過去にトラウマ歴があり，そのときに明らかに反応を示していたものは PTSD のリスクが高い [19, 91]。

　WHO が 24 カ国で行った疫学的調査では，出来事の違いによる PTSD 発症率の違いも調べられている [68]。上位に挙げられているのは，レイプ，パートナーからの暴力，誘拐，性的暴行，ストーカー行為などであった。性的被害や暴力的行為の被害が深刻であることは，これまでに行われたほかの研究と同様である。"意図的"な出来事の方がそうでない出来事（自然災害など）よりも症状が強い傾向があった。また，同一の出来事で比較すると，年齢別では，子どもと 65 歳以上の場合に，性別では男性より女性の方が PTSD 発症のリスクが高かった。

　18 歳までの子どもを対象とした研究のメタ分析 [2] では，診断基準（DSM）に該当するトラウマ体験をした場合，それが対人関係のトラウマの場合，それ以外のトラウマと比較して PTSD の発症率が高く，また女子の方が男子より高かった（表1）。全体の傾向は成人と同様である。

表1　子どもの PTSD 発症率 [2]

	非対人トラウマ	対人トラウマ
男子	8.4%	16.8%
女子	13.3%	32.9%

エピソード

　帰宅時，Bさんが玄関ドアを開けたときに背後から不審者が現れた。Bさんが大声を上げたところ，不審者は逃走し，ケガなどはなかった。

　この話を聞いた SC はすぐに保護者に連絡を入れた。Bさんは以前身近でショックな出来事があり，一時的にストレス反応を示していたことがあったので保護者とは面識があった。SC は，過去の経験があるため強い反応を生じる可能性があり，"危ない"と思った。保護者と面接をして，Bさんの様子を聞いたが，SC が案じた状態になっており，専門機関にリファーすることとなった。

　このケースでは速やかに専門機関にリファーすることができたが，それが可能となったのは，不審者に遭遇したという情報が SC に伝わったからである。その日の出来事自体は，さほど大きなものではなかったため，通常なら SC には情報が伝えられずに終わっていたかもしれない。この学校では，この出来事の少し前に子どもが強いショックを受けるような出来事があり，教職員がセンシティブになっていたことが背景にあった。

レジリエンス

　レジリエンスという言葉は，「復元力」「回復力」という意味で使われるが，トラウマからの回復に限らず多様な意味合いで用いられている。個人のレジリエンスがどのような要素から構成されているかは研究者によって見解が異なっている [98]。また，研究ではレジリエンスを個人の能力ととらえる立場と，環境との相互作用プロセスととらえる立場の大きな2つの流れがある [46]。

　レジリエンスについて，米国心理学会（American Psychological Association; APA）は次のように定義している [5]。レジリエンスとは，逆境，トラウマ，悲劇，脅威，極度のストレス——家族や人間関係の問題，深刻な健康上の問題，職場や経済上のストレスなど——に直面する中で適応していくプロセスである。それは一部の人だけがもっているような性格特性ではな

く，思考や行動等も含み，誰もが身につけ発達させられるものである。そして，レジリエンスを増やすために重要な要素を4つ挙げている。それは，①共感的で理解のある人とのつながり，②身体をいたわること，③他者を手助けし前向きであること，④合理的に考え変化を受け入れることである。また，助けが必要なときに，それを求めることは決定的に重要であるとされる。ここで挙げられたことの中で，人とのつながり，身体をいたわること，そして，ヘルプを求めることは，すぐにでも実行可能なこととして，支援を進める中で，心に留めておきたいことである。

　レジリエンスは，個人だけでなく，集団レベルでも考えられている[109]。コミュニティが被害を受ける出来事についてはもちろんだが，個人のトラウマに関して，社会がどのように支援できるのかということが課題となる。

　トラウマケアにおいて，トラウマ体験直後に必要なのはレジリエンスを促進するような介入である[124]といわれるように，レジリエンスは重要な概念である。現在のところ，レジリエンスがどのように形成され，維持され，変化するのか，十分に解明されているわけではない。関連要因として挙げられているものも，レジリエンスの要因なのか，結果なのか，必ずしも明確でないものもある。だが，人とのつながり，サポートの重要性は第一に挙げられるものであり，それはまさに支援に関わるものである。

正常ストレス反応

　「異常な出来事に対する正常な反応（normal reactions to abnormal events）」という表現がある。ふだんないようなことが起きたのだから，心身が何らかの反応をすることは自然なことである。このとらえ方は，当事者の気持ちを落ち着かせることにつながり，大変重要な意味をもつ。「おかしくなった」わけではない。

　正常ストレス反応とは，出来事の後，比較的短期間で治まるもので，治療を必要とするものではない。だからといって，サポートが不要ということではなく，適切な支援によってより速やかに収束すると考えるべきである。

PTSD と急性ストレス障害

　トラウマ体験後の状態として，PTSD はよく知られたものである。PTSD（DSM-5）には，４つの症状がみられる。それは，①侵入，②回避，③否定的認知・気分，④過覚醒である。PTSD 症状はあるが，診断基準を満たしていないとき，部分（partial）PTSD と呼ばれることがある。

　侵入は，本人の意思に関わらず，その出来事が思い出されて苦痛となったり，恐ろしい夢をみたりする。今まさに体験しているかのようなフラッシュバックは，典型的な症状である。回避には，出来事と関連した記憶，思考や感情などの回避と，それらを思い出させるもの（リマインダー）の回避がある。リマインダーになるものとして，光景，場所，状況，時間帯，音，におい，特定の人，感情（不安，恐れ）などがある。否定的認知・気分は，自分や他者あるいは世界についての否定的な認知や気分のことである。過覚醒はリラックスできない状態で，睡眠の問題が生じたり，過敏になったり，感情のコントロールが難しくなったりする。

　４つの症状のなかで侵入症状は PTSD に特異なものであるが，ほかの３つは別の理由でも生じる状態像である。数多く虐待ケースの治療にあたってきた杉山[133] は，フラッシュバックが従来考えられていたよりも広範囲で生じることに気づいたと述べている。言語的フラッシュバックは，虐待者から言われたことの再現で，子どもが些細なことからキレて，急に目つきが鋭くなり低い声で「殺してやる」などという。認知・思考的フラッシュバックは虐待者に押し付けられた考えの再生で「自分は生きる価値がない」などの考えが繰り返し浮かぶ。行動的フラッシュバックは，急にキレて暴れ出す，殴りかかるなど虐待場面での再現である。生理的フラッシュバックは，子どもが首を絞められたときのことを語っている時に，手の跡が首のまわりに浮かぶ現象などのことである。また解離性幻覚は，つらい体験を自己意識から切り離したとき（解離），フラッシュバックが起きると，そのつらい体験が外から聞こえたり，外に見えたりすることになって生じる幻覚である。その場の状況にそぐわないような過激な言動を突然とった場合，フラッシュバックが起きている可能性がある[59]。

　なお，DSM-5 で６歳以下の子どもについての診断基準が新たに設けられ

た。内容的には成人（7歳以上）のものと重なるが，症状は回避と否定的認知・気分がまとめられて，3つに分けられている。観察しやすいように行動面にあらわれる症状が中心となっている。

PTSDは，出来事から1カ月以上が経過して成立する疾患である。1カ月以内については，急性ストレス障害（Acute Stress Disorder; ASD）がある。症状はPTSDと重複するが解離が含まれている。ただし，解離症状はDSM-5になって診断に必須ではなくなった。諸研究の結果では，急性ストレス障害からPTSDに移行するのは約半数で，PTSDのうち急性ストレス障害を認めるものが約半数とされる[8]。

また，6カ月以上経過して発症した場合，遅延顕症型PTSDと呼ばれるが，実際にはそれ以前からの症状が悪化して診断基準を満たすようになったものである。

複雑性PTSD（Complex PTSD; CPTSD）は，従来から議論が続いていたものだが，WHOによる診断基準ICD-11で新たに公式診断となった。これは，PTSDの症状に加えて，感情調節の困難，否定的自己概念，対人関係維持の困難という3つの症状がみられる。CPTSDを生じさせる典型的な出来事は，持続的，反復的で逃げ出すことが困難なもので，拷問，大虐殺，家庭内暴力，虐待などが挙げられているが，単回の出来事でも生じうる。一方，長期反復的トラウマを経験しても，PTSD症状にとどまり，CPTSDにならないこともある[72]。

トラウマ体験後の反応は，急性ストレス障害やPTSDだけではない。それは多様な反応の中の一部である。うつ，不安障害，薬物やアルコール依存の問題などがしばしば併発する。PTSD患者のおよそ8割がほかの精神疾患を合併している[82]。うつが最も多く，PTSD患者の半数以上がうつの診断基準を満たす。また不安障害も多い。薬物の問題を抱えている人も約4割いる。うつや不安障害をPTSD発症以前から罹患している人がいる一方で，薬物の問題はPTSD以降に発生することが多い。また，PTSDは自殺のリスクも高まる。

トラウマの影響は，生物・心理・社会的側面[注5]におよぶものであり，支援においてはさまざまな側面から状態をとらえる必要があり，急性ストレス

注5）人間の心理的問題や身体的症状は，多くの場合，生物的要因，心理的要因，社会的要因が互いに影響しあった問題である。この考え方は，生物・心理・社会モデルと呼ばれる。

障害や PTSD にとらわれないことが必要である。また，出来事の直後に影響があらわれることもあれば，遅れて生じることもある。持続期間もさまざまである。それらの結果として，トラウマとなる出来事とその影響の関連を当事者が認識していないことがある[132]。つまり，「あの出来事があったから，いま自分は〜になっている」というとらえ方を当事者がしていないのである。病院を受診する場合であっても，必ずしも PTSD 症状を主訴としているわけではなく，睡眠，うつ，不安，自律神経，アルコール依存などの問題の背景に PTSD が存在していることがある[9]。

子どもたちへの影響

　子どもの場合も，トラウマ体験後にさまざまな状態がみられるが，複数の困難を同時に経験することが多い[1]。そして，行動の変化としてあらわれることが多い。また，男子の方が外に向かった形で（外在化症状：攻撃的行動，反社会的行動など），女子の方が内に向かった形で（内在化症状：抑うつ，不安，身体化など）あらわれやすいと指摘されている[131]。

　うつ，不安障害，物質乱用などのケースのなかで，被虐待歴があるものは，そうでないものと比較して，発症年齢が低く，症状が重く，併存症が多く，自殺のリスクが高く，治療反応性が低い[140]。虐待経験によって，問題がより深刻化することがわかっている。

　子ども時代（18歳まで）の逆境体験（逆境的小児期体験：Adverse Childhood Experiences; ACE）が後のさまざまな問題と関連することが明らかになっている[32]。ここでいう逆境体験とは，虐待やネグレクトなど直接的な影響を与えるものだけでなく，両親のいさかい，物質乱用，精神疾患など家庭環境に関するものも含まれている（表2）。

　ヒューズら（Hughes et al.）[49]は，これまでに行われた逆境的小児期体験に関する37研究のメタ分析を行っている。そこで逆境体験がなかったものと4つ以上あったものを比較し，さまざまな健康リスクをオッズ比[注6]により調べ，4群に分けている。影響が最も小さかったものは，身体不活動，肥満，糖尿病であった（オッズ比が2未満）。次に，喫煙，多量のアルコール摂取，自

注6）オッズ比とは，2つの事象の起こりやすさを示すもので，起こりやすさが等しい場合オッズ比は1となる。

表2　逆境的小児期体験

身体的虐待	母親への暴力
情緒的虐待	家族の飲酒薬物問題
性的虐待	家族の精神疾患
身体的ネグレクト	家族の服役
情緒的ネグレクト	実の親に育てられていないこと

表3　わが国における逆境的小児期体験[41]

家庭内暴力	10.1%	親の死	11.5%	親の犯罪行為	0.7%
身体的虐待	7.5%	親の離婚	10.7%	身体的病気	2.9%
性的虐待	0.5%	親の精神疾患	2.8%	経済的困窮	3.5%
ネグレクト	1.5%	親の依存症	1.2%		

注：成人男女 1,722 名（平均 50.8 歳）を対象として調査

己評価が低い健康レベル，がん，心疾患，呼吸器疾患であった（オッズ比が2～3）。さらに，危険な性行動，精神疾患，問題となるアルコール摂取であり（オッズ比が3～6），最も影響が大きかったのは，問題となる薬物使用，暴力被害・加害，自殺企図であった（オッズ比が7以上）。なお，自殺企図は，オッズ比が30.1で非常に高かった。自殺は多くの場合，複数の要因が絡み合い持続した結果，生じるものとされる。逆境体験によって，さまざまな問題が生じ，それが蓄積されていった結果として自殺のリスクが高くなると考えられる。

逆境的小児期体験についてはわが国でも調査が行われている[41]（表3）。調査項目に多少違いがあるが，子ども時代の逆境体験の数の多さが，後の精神疾患の予測因子になるという結果であり，それは欧米での結果と一致するものであった。また，体験の中では親の精神疾患と家庭内暴力が，精神疾患の強い予測因子であった。項目ごとにみると，家庭内暴力が10.1％，身体的虐待が7.5％であった。これらの問題は通常家庭外で語られることの少ないものであり，他者には認識されにくいものである。一般に想像されるよりも多くの家庭で起きていることを示唆する数字と考えられる。

このような逆境体験は神経発達に影響し，それが社会・情緒・認知の障害につながり，さらに危険な行動を増やし，心身の問題や社会的不適応の問題

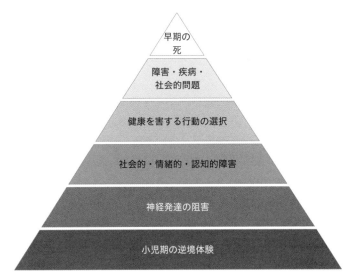

図3　小児期逆境体験の影響（ACE Study）

となり，最終的には早く死を迎えることになると説明される（図3）。

　児童虐待の脳への影響は MRI によって確認されているが，虐待の種類によって影響がみられる場所が異なっている[147]。性的虐待では，両側の視覚野の容積が減少，暴言では，聴覚野の一部である左上側頭回灰白質の容積が増加，厳格体罰では，右前頭前野内側部の容積が減少，DV 曝露では，右の視覚野の容積や皮質の厚さが減少していた。このような脳のダメージは，治療によって回復することが成人を対象とした研究で報告されている[148]。また，虐待を含む不適切な養育（マルトリートメント）がなくなれば，うつ病の54％，自殺企図の67％，アルコール・薬物依存の65％がなくなると考えられ[149]，これは非常に大きな問題である。

子どもたちにしばしばみられる反応

　トラウマ体験後に子どもたちにみられる状態は多様であり，診断的な分類で示すと次のようになる[1]。精神健康の問題としては，PTSD，急性ストレス障害，遷延化した悲嘆，うつ，不安，外在化行動（反抗，素行問題，注意欠如多動症（Attention Deficit Hyperactivity Disorder; ADHD），非行，薬物

表4　子どもたちにしばしばみられるトラウマ反応[56]

身体への影響	頭痛や腹痛などの身体の痛み，吐き気・嘔吐，皮膚の症状など
情緒への影響	恐怖，怒り，抑うつ，分離不安，退行（赤ちゃん返り），フラッシュバック，感情の麻痺，睡眠障害・悪夢など
行動への影響	落ち着きがない，イライラ，集中力の低下，衝動的（暴力・自傷），非行，薬物乱用など
ものごとのとらえ方への影響	安全感や信頼感の喪失，自責感，罪悪感，自尊感情の低下，今まで関心があったものに興味をなくすなど

乱用，危険な性行動，飲酒）などである。ほかの問題としては，再被害（子どもの時に対人暴力を受けたものは，後に再び暴力被害を受けるリスクが高い），身体健康（頭痛，腹痛，摂食障害，過食，慢性疼痛，筋骨格の問題），学業や学校での行動などがある。

　亀岡[56]は子どもたちにしばしばみられる反応を具体的にまとめている（表4）。

　虐待等の繰り返されるトラウマによって生じる状態像は，年齢の上昇につれて変化していく[134]。これは異型連続性と呼ばれる。幼児期にアタッチメント障害を示していた子どもが，学童期にはADHDや自閉スペクトラム症（Autism Spectrum Disorder; ASD）など発達障害の臨床像を示す。そしてその後，解離性障害[注7]や非行，触法行為など多様な問題が生じる。これは発達性トラウマ障害と呼ばれる[153]。

発達障害とトラウマ

　発達障害とトラウマはもともと別の問題であるが，両者が絡み合い，問題が難しくなることが少なくない。発達障害の特性をもつ子どもは，小さい頃から叱責されることや対人関係のトラブルが多く，虐待やいじめの体験率が高い[57]。そして，幼少期にトラウマや逆境を体験した子どもは，典型的なPTSD症状を示すよりも，発達障害の状態も含め，発達全般の問題がみられ

注7）解離性障害には，解離性同一性障害（いわゆる多重人格），解離性健忘（記憶がない），離人感・現実感消失障害（自分が自分でないような感じ，現実感がない）などがある。

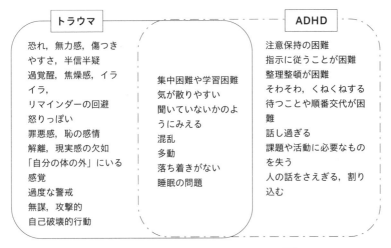

図4　トラウマ反応と ADHD 症状の重複 [125]

やすい [110]。ニワトリとタマゴの問題になってくるが，発達障害の臨床像を示す場合には，発達障害としての対応とトラウマへの対応の両方が必要になる [134]。発達とトラウマのどちらの問題を先に扱うべきか，両方同時に行うべきかについて決まった方法はない [125]。その子どもに最も役立つやり方をオーダーメイドで作っていくことになる。

　子ども虐待の専門外来を受診した 1,000 名あまりの被虐待児のうち，自閉スペクトラム症は 29％，ADHD は 16％，知的障害は 9％であり，発達障害の診断がついた児童は全体の 53％であった [133]。自閉スペクトラム症のうち 9 割は知的遅れがなかった。発達障害に虐待が加わると，非行，反抗挑戦性障害[注8] や素行障害[注9] などが増加していた。

　ADHD の特性と PTSD の過覚醒状態は区別が難しい。集中困難，落ち着きのなさ，多動などどちらにもみられる（図4）。子どもが示す行動や症状が，発達特性に起因するのか，トラウマ反応なのかを見分けることは容易ではない [156]。それがいつ始まったかは一つの手がかりとなる。単発のトラウマ体験であれば，それが明確になるが，虐待の場合，発達早期に始まり継続して

注8）反抗挑戦性障害は，怒りに基づいた反抗，不服従，挑戦的行為が持続する。
注9）素行障害は，反社会的，攻撃的，反抗的行動が持続する。非行という概念でとらえられてきたものと重なるところが大きい。成人になると反社会的パーソナリティ障害となる。

いることが考えられ，判断が難しい。支援にあたる際には，どのような視点でとらえるかが重要であり，単一の視点でとらえることは要注意である。発達の視点からは，発達の問題にみえ，トラウマの視点からは，トラウマの問題にみえてくることがある。

発達障害そのものは非行や犯罪のリスクファクターではないが，適切な支援を受けず，不適切な対応を受けた場合，リスクファクターになる。不適切な対応とは虐待，いじめ，理不尽な叱責などさまざまな形でのトラウマティックな被害体験である。それにより，二次障害（うつ，不安，ひきこもり，さまざまな問題行動など）が生じる。これは背景に存在する被害体験に対するトラウマ反応としての側面をもつが，それに対する適切な支援がないと三次的に非行や犯罪にもつながる [89]。

また，自閉スペクトラム症の人は，定型発達の人とは異なる形で，トラウマティック・イベントの影響を受けるとの指摘がある [42]。それはトラウマの受け止め方や反応が違うだけでなく，治療を進めるうえでも異なる配慮が必要になるという。

■ アタッチメントとトラウマ

アタッチメント障害は診断基準（DSM-5）のなかで，PTSD などと同一の括り（心的外傷およびストレス因関連障害）の中に分類されている。アタッチメント障害には2つあり，情緒的にひきこもったタイプの反応性アタッチメント障害と，無分別になれなれしい脱抑制型対人交流障害がある。その背景には，ネグレクト，養育者の頻繁な入れ替わり，子どもの数に対してケアする大人の数が極端に少ないことなど，極めて劣悪な生育条件が想定されている [31]。そして，環境の改善によって，反応性アタッチメント障害は改善しやすいが，脱抑制型対人交流障害は改善しにくいことがわっている [73]。

アタッチメントとは，ボウルビィ（Bowlby, J.）が提唱したものだが，個体が危機的な状況に接し，あるいはそうした危機を予知し，恐れや不安を強く感じたときに，特定の他者に接近することで，主観的な安全の感覚を回復・維持しようとすることである [7]。ボウルビィは，子どもの心身が不安定な状態になったときに，重要な他者にくっつくことで安心感を取り戻せることが，子どもの心身の発達に重要であることを強調した [47]。

　実験室で小さな子どもが養育者と分離させられ，また再会するという状況が設定され，そこに現れる子どもの行動の仕方をもとに，アタッチメントのタイプが見出された。アタッチメントは4つのタイプがある。Aタイプ（回避型：分離に際してさほど混乱せず常に養育者と距離を置きがち），Bタイプ（安定型：分離に際し混乱を示すが再会すると落ち着く），Cタイプ（アンビヴァレント型：分離に際し激しく苦痛を示し再会後も否定的な気分を引きずる），Dタイプ（無秩序・無方向型：接近と回避という本来両立しない行動を同時的にあるいは継時的にみせる）である。

　臨床的にはDタイプが注目されている。顔を背けながら養育者に近付く。しがみついたかと思うとすぐに床に倒れこむ。何をしたいのかが読み取りづらい。そして，このDタイプは被虐待児の多くが該当するのではないかといわれている[31]。虐待環境においては，子どもを庇護するはずの養育者から危害を加えられ，恐怖がもたらされる。その結果，安定したアタッチメントが形成されず，ストレスへの脆弱さや感情調整の困難，対人関係を築くことの難しさなどにつながる[47]。

　子どもは安全を脅かされる刺激を受けたとき，アタッチメント対象を求めて安全を確保し，それによってその刺激がトラウマになるのを防いでいる。しかし，アタッチメント行動によって安心感を得られない子どもは，同じ刺激でもトラウマになりやすくなる。一方，トラウマ体験によって安全感が損なわれ，他者への信頼を失う。このようにトラウマとアタッチメントの問題は相互に影響し合う[113]。

　発達早期に形成されたアタッチメントは環境の変化によって変わる可能性があり，固定的なものではない[95]。アタッチメント欲求に応えてくれる他者との関わりが大きな意味をもつ[73]。

とらえにくい子どもの反応

　トラウマ体験をした子どもの状態を的確に把握することは容易ではない。理由はいくつかある。トラウマ体験後に生じる反応のほとんどは，ほかの理由でも生じる可能性がある非特異的なものである。それは大人，子どもともにそうである。子どもの反応は大人以上に多様であることもとらえにくさにつながる。ある時点での状態像のみで評価することは難しい。トラウマ体験

以前はどうであったか，という視点が必要である。

　反応自体のわかりにくさもある。悲しい出来事があったときは気持ちが落ち込むという常識的感覚からは，ふだんよりもはしゃいでいるような姿や何もなかったかのような様子が，悲しい出来事に対する反応であると理解するのは難しい。落ち着かず，何かというと反抗的な態度の背景に，トラウマ体験があるかもしれないと気づくのは容易でない。

　また，子どもが大人に心配をかけたくないという気持ちをもったり，語ることに恥ずかしさやためらいを感じたりする結果，感情が十分に表現されないことがある。出来事にもよるが，まわりの大人が強い衝撃を受けているときには，子どもがそのことを感じとり，何事もなかったかのように気丈に振る舞うことは珍しくない。

　身体的なケガであれば，重症なときは見てすぐわかるが，こころの問題はそうとは限らない。PTSD症状の一つに回避があるが，症状が強くなると，子ども自身が苦痛を訴えなくなったり，感情が麻痺して苦痛を感じなかったり，トラウマ体験の記憶が想起できなくなったりする。そうなると，トラウマ症状は深刻なのだが，表面的には平気そうにみえるというパラドクスが生じる[59]。

　子どものトラウマ反応はとらえにくい。だからこそ，「子どもを回復の軌道にのせていくためにまず必要なことは，トラウマを見抜くこと」であり，その観察能力は「子どもに関わるすべての大人が備える必要がある」[138]。

エピソード

　母親から相談申し込みの連絡があった。父親が病気になり，医師からは余命宣告を受けているが，子ども（Cさん）にどのように対応したら良いかという内容だった。

　詳しく様子を聞くと，父親はすでに体力も低下しやせてしまっている。病院に一緒に見舞いに行っているが，Cさんは父親のことについて一言も語らず，淡々としている。何も感じていないのであろうか。母親からみると不思議である。

　身近で接している母親にもCさんの心理状態が感じ取れなかった。母親自身にとっても夫が余命宣告を受けるという事態であり，余裕がない状況であるが，Cさんはあまりにも平然としていて，何も見えておらず，何も感じていないかのように母親の目には映っていた。母親には強いショックを受けたときの反応について説明し，今のCさんの状態を理解してもらった。そして今後予測

される状況に関して，具体的な助言をし，準備とした。

　面接の後半は，母親としてではなく，妻としての思いを話題とし，この日の面接を終えた。

悲　　嘆

　家族や親しい人が亡くなることは，年齢に関わらず，強い衝撃を与える出来事である。死別によって生じるのが悲嘆反応である。その多くは時間の経過とともにおさまっていくものであり，病的とはみなされない。子どもの悲嘆反応は表5のようになる。

　悲嘆反応の一般的経過は，次のようなものである[130]。ショックと否認の後，激しい感情の波を伴う苦痛を経て，慢性期に移る。慢性期には，憂うつや悲哀，死者への追慕，罪悪感，怒り，睡眠障害や悪夢，身体症状などが

表5　子どもの悲嘆反応[29]

年齢（歳）	悲嘆反応
3〜6	"永遠"を理解していない。棺の中の故人をみたあと，「いつ帰ってくるの？」と聞く。呪術的思考[注10]のため，自分が影響を与えたり，生き返らせたりできると思う。退行（指しゃぶり，赤ちゃん言葉，トイレの失敗）。自分も死んで天国で一緒になるという。
6〜9	目に見える明らかなもの，身体的なものとみなす。死は永遠のものであると理解し始める。故人がまだ生きているという遊びを通して悲嘆を表現する。悲しみや怒りの感情をうまく扱えず，攻撃性やほかの行動上の問題が生じる。生き残った者の安全を心配する。自分の死はまだ遠い先のことととらえている。
10〜12	現実的に考えられるようになる。故人の魂は天国で，あるいは生きている人の心の中で生き続けると考えられるようになる。まだ呪術的思考が残っていて，自分の言動が死と関わりがあったと考えるかもしれない。
12以上	実存的な問題を考える。「なぜ私なのか」「なぜ良い人に悪いことが起こるのか」危険を冒す行動や感情的ひきこもりによって，自分が死を逃れられないことを試したり，喪失に抗議したりする。人生は不公平であると怒りを表現する。死の永遠性や人生に対する影響を理解し，深い悲しみを抱く。

注10） 呪術的思考（magical thinking）とは，客観的事実に即していない原始的・前論理的思考のことで，幼児期に特徴的にみられる。

表6　PTSD 反応と悲嘆反応

PTSD 反応	恐怖と脅威	その出来事や人から距離を取り，離れたい
悲嘆反応	切望と探索	故人を慕い，求めようとする

しばしばみられる。ひきこもりが生じることもある。そして，死者のいない世界に適応して生活できるようになる，再適応・再構築期がある。これらにどれほど時間を要するかは個人差がある。通常の悲嘆では，嘆き，怒り，抑うつなどの反応は，6カ月以内にピークがあり，その後，徐々に減少していく[96]。悲嘆の回復に影響する要因として，死別状況，遺族と死者との関係，遺族自身の特性（繰り返し死別を体験，心身の障害，性格上の脆弱性など），社会的要因（孤立，社会経済地位の低さ，幼い子どもがいる）などがあげられる[130]。

　PTSDと悲嘆を比較すると，PTSDのトラウマ反応では「恐怖と脅威」が，悲嘆反応では「切望と探索」が中心にあることが最も大きな違いである[129]（表6）。PTSDでは強い不安をもたらした出来事や人から距離をとり離れたいと思うが，悲嘆反応では，故人を慕い，求めようとする気持ちが生じる。何かにこだわっているような行動の背景に，故人を思い，慕う気持ちが働いていることがある。PTSD反応と悲嘆反応の2つは基本的に異質のものである。

　だが，事件や事故，自殺などで亡くなった場合には，出来事の性質上，悲嘆とPTSDの両者を含んだものとなる。これは外傷性悲嘆ともよばれるが，暴力的な死別を体験した場合，PTSDを発症する可能性が高い。故人を想起することが，悲嘆反応の場合，好ましい記憶として生じるが，PTSD反応では，恐怖の記憶として生じる。外傷性悲嘆においては，その2つを含むものとなり，複雑化する。支援にあたって注意が必要である[130]。

　悲嘆反応が長期化・複雑化している場合，複雑性悲嘆とよばれる。複雑性悲嘆の有病率は死因によって異なり，事件や事故，自殺などによる死別の場合，病死に比べて有病率が高く，また故人との関係性や過去の喪失体験なども影響する[97]。

エピソード
　担任が病気で亡くなり，D先生が新たに担任となった。D先生は教員歴約

15年の経験者であったが，子どもたちに指示が通らず，やりにくいとのことだった。

　実際の様子を尋ねたところ，給食の準備や片付け，そうじの仕方について先生のいうことを聞かないとのことだった。子どもたちのやり方はちょっと変わったものだという。

　話を聞いたSCは前担任のことを思い出していた。前担任は常識的な人だが，自分の考えがはっきりしている人で，ある意味，こだわりの強い人だった。そのことから，いま子どもたちがやっているやり方は前担任のやり方だったのではないかと思いついた。それをD先生に伝えた。先生はそれとなく子どもたちに聞いてみたところ，まさにその通りだった。D先生は子どもたちの行動の意味を納得して，今まで通りにやればよいことを子どもたちに伝え，問題は解消した。

認知の歪みと世界観の変化

　PTSDの診断基準（DSM-5）のなかに「否定的な認知や気分」が挙げられているが，トラウマ体験は，人（自分自身を含め）や世界をどのようにみるかということに深い影響を与え，否定的な認知をもたらす。それが苦痛となったり回復の妨げとなったりする。

　否定的認知はいろいろあるが，最も典型的なものは「世界は危険だ」「私は無力だ」という2つである[71]。トラウマ体験とは，自分が圧倒されてしまうような恐怖体験である。その結果として，このような気持ちを抱くようになる。そして，この2つを裏返して考えると，安心感やコントロール感覚を取り戻すことの重要性が明らかとなる。コントロール感覚とは，自分が何かものごとをやり遂げられるという感覚に限らない。もちろん，小さなことであれ達成感をもてる経験をすることはよいことであるが，それだけではない。まわりの人とのやり取りの中で，自分の意思を尊重してもらうことはコントロール感覚につながる。逆の状態を考えるとわかりやすいが，自分の意思に関わりなく，いろいろなものごとが他者によって決められ，進められていくとしたら，自分の無力感は大きくなってしまう。その点での配慮は重要であり，子どもの場合はなおさらである。日常生活の中で，可能な範囲で子どもの意思を確認，尊重することは子どものコントロール感覚の維持につながる。

また，リラクセーションを学び，自分の心身の状態を自分でコントロールできることを実感することもよいことである。

　トラウマに関連した認知は，しばしば全体に拡がり過度の一般化がなされてしまう[53]。そしてそれは誤った不適切な対処方法をとることにつながる。トラウマ体験によって生じた否定的な認知が広がり，不適切な行動をもたらし，その結果，問題は拡大する。認知は重要な問題である。

　その出来事が起きたことやその結果について，自責感を抱くことがある。客観的にみて，負うべき責任は何もない状況であっても，「もし自分が〜していたら（しなかったら）……」「自分が悪かったから……」と考えてしまうことは当事者や関係者にしばしばみられる。

　幸い自分は助かったが身近な人が亡くなった時に，罪悪感を抱く（サバイバーズ・ギルト）。また，年齢の低い子どもの場合，その出来事の直前にあったことや自分がしたことと，出来事の発生を結び付けてしまうことがある。ものごとを自己中心的に，自分と結び付けて解釈してしまうためである。

　出来事に関する子どもの認識は，まわりの人（大人や子ども）の反応に影響されやすい[27]。自分では客観的にとらえることができない子どもは，まわりの人たちの言動に大きく影響される。そして，大人がその出来事をどのようにとらえ，どのように振る舞うかを，子どもたちは見ている。すなわち反応の程度だけでなく，反応の仕方が，子どもたちにとっては一つのモデルとなる。子どもと関わる立場にいる人は，心に留めておきたい。それは，感情を抑えて，淡々とふるまうことがよいという意味ではない。むしろ，感情とどのように向き合うか，どう表現するかが重要である。

　トラウマ体験からの回復とは，そのときの恐怖を軽減することだけではない。もう一度，さまざまな信念，自分と他者および社会との関係を構成しなおすことが含まれる。そのために不適応的な認知を修正することは，狭義の治療だけでなく，治療的支援において大変重要な要素となる。

トラウマケア

支援における原則

　出来事の直後から中期（数カ月後）までの支援における重要な原則が5つある[48]。これはもともとコミュニティが衝撃を受けるような出来事を想定してまとめられたものであるが，ストレスに対する良好な適応を増進するものとして，広く経験的な裏付けを得ているものである[21]。必要な支援は，心理的なものに限らず，物質的なものも含めて広範囲にわたる。これはトラウマそのものを扱う治療とは異なるが，広く支援にあたるものにとって参考になるものである。

①安心感：個人，グループ，組織，コミュニティなどさまざまなレベルで考える。これは，身体の安全を確保することから，トラウマ恐怖がほかのことにまで広がってしまうのを止めることまで広範囲にわたる。

②落ち着き：不安に対処する方法として，呼吸法，筋弛緩法，ヨガ，マインドフルネスなども使われる。心理教育（第2章「**直後から早期の支援**」の節を参照）も効果的である。ストレス反応があることは自然なことであると伝える。正確な情報を伝え，反応について教育し，認知を適切なものにする。また，問題を小さな，対処できるものに分解していくことで，コントロール感覚を大きくすることができる。生活リズムを確立し，いつも通りの生活をすることで落ち着きの感覚を増す。

③効力感：個人とコミュニティの双方のレベルで必要である。トラウマ体験後，トラウマに関連することについて効力感が低下してしまうが，「できない」という感覚がほかのことにも広がってしまう。実際的支援の提供，問題解決の手助け，前向きな対処の推奨，建設的活動への積極的な参加の促しなどが有効である。

④人とのつながり：トラウマ後の精神健康は，人とのつながり，ソーシャルサポートと強く関連する。心理的サポートだけでなく，情報や物質的サポートも含めて，サポートが全般的に充実するように支援する。その際，支援者が直接提供するサポートだけでなく，当事者が受けるサポートが増えるように，視野を広くして，さまざまな働きかけを考えることが必要である。サポートが少ない人や孤立しがちな人を見出すことは重要である。

⑤希望：トラウマ体験は希望を失わせ，絶望感，「すべては失われた」という気分をもたらすかもしれない。逆に，希望を保持することは回復において大変重要な意味をもち，良好な経過をたどりやすい。この場合も，単に心理的な問題に限定されず，現実的な課題が大きな影響をもつ。例えば，災害で家屋が破壊されてしまった場合を考えれば，それは明らかである。

心理的デブリーフィングから サイコロジカル・ファースト・エイドへ

　国際トラウマティック・ストレス学会（International Society for Traumatic Stress Studies; ISTSS）による PTSD 治療ガイドライン [35] では，出来事から 3 カ月以内に行われる早期介入と，その後の治療に分けて解説されている。トラウマ後の介入，支援を考えるとき，"時期"は重要な要素である。とりわけ直後から早期段階の適切な介入に関しては現在でも疑問は残されている。

　トラウマ後の早期介入として，かつて心理的デブリーフィング（Psychological Debriefing; PD）が効果的な介入として実施されていた時期もあったが，エビデンスの点から現在支持されていない [16]。

　だが，PD の構成要素をみると，有効とされる認知行動療法（Cognitive Behavioral Therapy; CBT）で行われているものと重なるものがある [85]。なぜ PD はよくないのか。その理由を理解しておくことが重要である。CBT では時間をかけて適応的対処方略を学ぶことに重きが置かれ，それによって回復が促進され，慢性 PTSD のリスクが低下する。PD では，出来事の直後に1回のみのセッションで，その出来事について語ることを求められるが，そ

れは，ある個人がトラウマ体験を処理するペースや方法を無視した形での介入となり，覚醒亢進状態[注11]を招き，状態を悪化させてしまうと考えられる。出来事から間もない段階で，感情処理に焦点をあてた介入はすべきでない[18]。

　これは，出来事から間もない段階で，自ら語りたいと思い，語ることを否定するものではない。つまり，自ら語りたいと思っている人の話は熱心に聞くことが大事であるが，ことの詳細や感情についてこちらから尋ねる必要はないということである[34]。

　トラウマ体験後の介入として，現在，知られているのは，サイコロジカル・ファースト・エイド（心理的応急処置）（Psychological First Aid; PFA）である。この言葉は，2005年に米国のNational Child Traumatic Stress Network & National Center for PTSDによって，災害直後から間もない段階における支援方法としてマニュアル化されて，広く知られるようになった（表7）。その後，WHO[155]（表8）をはじめ複数の国際機関が同様のマニュアルやガイドラインを作成している。それらは，出来事として災害やテロなどを想定したものである。

　学校場面での支援のためにPsychological First Aid for Schools（PFA-S）も作成されている[22]。また，2010年には米国でPFAの続編といえるサイコロジカル・リカバリー・スキル（Skills for Psychological Recovery; SPR）が作成されている[13]。これは出来事が発生して数週間から数カ月のあいだに行うもので，災害発生直後の危機的状況がおさまってから提供されることを意図している。内容としては，PFAと同様，トラウマの治療を目的としたものではなく，回復を促進し，現実的な適応を高めるためのものである。

　なお，PDに対する批判もあってPFAが支持されているが，その定義，具体的な介入方法についてコンセンサスはとれていない[18]。また災害などの直後に行われる介入であり，明確なゴールをもっているわけではなく，エビデンスはない。

　PFAが体系だった介入方法としてまとめられたのは2005年であるが，概念として最初に提唱されたのは1977年である[85]。その意味するところは，

注11）過覚醒（PTSD症状の一つ）と同義。交感神経が過剰に高まった状態で，警戒心が高まり，不安が強まり，心身にさまざまな症状を生じる。

表7　NCTSN & NCPTSD（2006）による PFA の内容

1．被災者に近づき，活動を始める

　　被災者の求めに応じる。あるいは，被災者に負担をかけない共感的な態度でこちらから
　　手をさしのべる。

2．安全と安心感

　　当面の安全を確かなものにし，被災者が心身を休められるようにする。

3．安定化

　　圧倒されている被災者の混乱を鎮め，見通しがもてるようにする。

4．情報を集める―いま必要なこと，困っていること―

　　周辺情報を集め，被災者がいま必要としていること，困っていることを把握する。
　　そのうえで，その人にあった PFA を組み立てる。

5．現実的な問題の解決を助ける

　　いま必要としていること，困っていることに取り組むために，被災者を現実的に支援する。

6．周囲の人々との関わりを促進する

　　家族・友人など身近にいて支えてくれる人や，地域の援助機関との関わりを促進し，
　　その関係が長続きするよう援助する。

7．対処に役立つ情報

　　苦痛をやわらげ，適応的な機能を高めるために，ストレス反応と対処の方法について
　　知ってもらう。

8．紹介と引き継ぎ

　　被災者がいま必要としている，あるいは将来必要となるサービスを紹介し，引き継ぎを
　　行う。

表8　WHO（2011）による PFA の3つの基本的活動原則

1．見る

　・安全確認。
　・明らかに急を要する基本的ニーズがある人の確認。
　・深刻なストレス反応を示す人の確認。

2．聞く

　・支援が必要と思われる人々に寄り添う。
　・必要なものや気がかりなことについてたずねる。
　・人々に耳を傾け，気持ちを落ち着かせる手助けをする。

3．つなぐ

　・生きていくうえでの基本的なニーズが満たされ，サービスが受けられるように手助けする。
　・自分で問題に対処できるよう手助けする。
　・情報を提供する。
　・人々を大切な人や社会的支援と結びつける。

出来事から間もない段階で必要なのは“治療”ではなく“応急処置”である。快適さを提供し，実際的・現実的な必要性を満たすこと，トラウマ反応についての心理教育，予測される困難，どこで援助が受けられるかなどの情報を提供することがよいというものである[15]。この考え方は，災害に限らず，個人がトラウマ体験をした際にも有効なものである。

直後から早期の支援

　概念としてのPFAを基にした支援を行う。心理的側面に限定することなく，現実的，実際的なニーズに応える支援を行う。当事者個人のニーズをとらえ，トラウマにとらわれずに，広く日常生活に目を向けて負担を軽減し，適応的な生活が送れるようにサポートすることが重要である。

　トラウマ体験後の心理的支援として心理教育は不可欠である。心理教育は多くの疾患において行われているものだが，それは問題（疾患）やその対処法などについて情報提供し，当事者をエンパワーし，行動の変化を促すものである[86]。狭義の治療とは異なるが，治療的意味をもつ。

　トラウマ体験後の反応のあらわれ方は，人によって違いがあり，また時間の経過とともに変化していく。それらに合わせて，必要な心理教育の内容にも違いが生じる。心理教育は出来事から間もない段階で行う心理的支援として話題にされるが，直後に限らず，その後も対象者の状態に応じて，継続的に行うことが可能であり，有効である[28, 111]。

　出来事から間もない時期に行う心理教育・支援として以下のような内容が考えられる。

①ストレス反応が生じていてもそれは自然なことであると伝える。ふだんないようなびっくりする出来事が起きたのだから，心身が反応しても当たり前である。英語ではnormal reactions to abnormal eventsという表現があるが，直訳して「異常な出来事に対する正常な反応」と伝えるのは不適切である。「異常」という表現は当事者にとって良い響きの言葉ではないであろう。

②よくみられるストレス反応についていくつか例をあげながら説明する。これらを通して当事者が気持ちを落ち着けることにつながる。

③ストレス反応のあらわれ方には個人差があるが，その多くは時間の経過とともにおさまっていくことを伝える。

④リラックスすることやほっとできることはよいことであるが，当事者が普段どのようなやり方をしているかを確認する。呼吸法や簡単な筋弛緩法など容易に行える方法を教えるのもよい。

⑤いま何か困っていることはないかを確認し，その対処法について考える。その際，トラウマに関連することだけでなく，日常のなかの困りごとも扱う。当事者にとってトラウマも問題だが，それ以上に生活していくことが重要な問題である。トラウマにとらわれないことが肝心である。

⑥今後何か困った際にどうしたらよいか，誰にいえばよいか，どこで支援が得られるかなどの情報を提供する。

全体としてはこのような流れで面接を行うのがよい。ストレス反応があるのは当たり前であり，それは徐々におさまっていくものであると伝え，いま現在困っていることを手助けすることが重要である。

1つ気をつけておきたいことがある。リッツとグレイ（Litz & Gray）[85]は，出来事の直後の時期2日間を，直後の衝撃期（immediate impact phase）と呼んでいる。その段階では，話を聞いたり新しい情報を受け入れたりすることが難しい。支援対象者の状態に合わせて支援を行うことが必要であり，それは上記の心理教育を行う際にも考慮すべきことである。

当事者を心配する気持ちから，まわりの人がカウンセリングを勧めることがあるが，出来事からあまり時間が経過していない場合，そのタイミングについては慎重な判断が必要である。単純に早ければ早いほどよいというものではない。

また，ストレス反応が生じることは「正常」なことであったとしても，それが必ずしも「大丈夫」とは限らない。その人の状態が早急に特別な支援を必要とするかどうかを見極める目が支援者に必要である[116]。

当初，強い反応を示しても，まわりからサポートを得て，自身の回復力が発揮され，症状が軽減していく人もいる。1カ月ほど，状態の変化を注意深くみる。

"見守る"という言葉があるが，何もしないというスタンス（何もしてくれないと当事者が感じること）は，当事者にとってソーシャルサポートがな

いという感覚，孤立感を大きくする危険性がある。それは回復のプロセスにとってマイナスとなる。特に自分をサポートしてくれるだろうと期待する人や組織の姿勢は，大きな影響を与える[18]。"見守る"ことが悪いわけではないが，見守っていることが伝わることによって安心感が得られるのであり，そこに注意が必要である。子どもに対しては，早い段階で見守っていることをしっかりと伝えておきたい。

　子どもへの支援を行う際，併せて保護者に対する支援を速やかに実施することが，子どもの回復に大きく貢献する。保護者が子どもの状態を的確に理解し，適切な関わりができるように，心理教育，情報提供を行うことが必要である。同時に保護者自身が苦痛を感じている場合，それが直接的あるいは間接的に子どもに影響するため，保護者の状態を考慮しながら関わることは重要である。保護者は子どもに対する支援者の役割をもつが，同時に当事者として衝撃を受けているかもしれない。

　子どもを対象とし，出来事から3カ月以内に行う介入で十分なエビデンスをもつものはない[67]。慢性 PTSD の予防は重要な課題だが，3カ月以内に，ルーティンとしてすべての人に推奨される介入はない[121]。早期介入については，まだ十分明らかになっていない。

語ること，表現すること

　トラウマ体験からの回復とは，その出来事が人生の中で起こるさまざまな出来事の一つとして，経験，意識の中に統合されていくことといえる[107]。そのためには，その経験について，何らかの形で表現していくことが重要である。トラウマとなった出来事について語ることをタブーにしてはならない。聞いている側がつらくなって，「もうその話はやめなさい」と言ってしまうことがあるが，それは不適切である。一方で，すでに述べた通り，語ることには注意が必要である。支援者として，言語的に働きかけることが果たして最善なのかを判断しなければならない[112]。

　全般的な留意点としては以下の通りである。

・出来事との関わりが深い，あるいは出来事から間もない時期は，うまく表現することが難しい。

・出来事に関わることの表現は決して強制しない（強く促すことはしない）。
・話しているうちに強い感情が表現されることがあるが，落ち着いた状態で話を終えられるようにする。
・表現は，出来事について直接的に語ることだけでなく，さまざまな形で行われることに注意する。

　友人や家族，同僚など，余計な気遣いをせずに話せる人に，自分のペースで話すことは推奨される [34]。「話してよい」「話すと楽になることがある」ということは，早い段階で伝えておきたい [80]。また，出来事から間もない時期に話を聞く場合，熱心にサポーティブに聞くが，ことの詳細や感情について尋ね，話すように強く促すことは控える [34]。直後の段階で，その出来事に関する思考や感情を意図的に語らせる介入は不適切である。

　もし何らかの事情があって，細かい事情を聞かなければならないときには，先にその理由を説明して，同意を得てから始めたい。そのような配慮は，当事者の二次的な傷つきを小さくする。

スクリーニング・アセスメント

　スクリーニング [注12] が行われる場所は，学校，相談施設，一般的な医療機関，トラウマに特化した医療・相談機関などさまざまである。トラウマになるかもしれない出来事を経験した子どもを見出し，彼らが安全であるかあるいは危険が継続しているのかを見極めることが最初の必要なステップである [14]。その点で学校は重要な役割をもつ。その後，PTSD やそのほかの多様な症状やニーズを評価することになる。

　チェックリストや質問紙は，PTSD をはじめとした特定の診断に関わるものと，より広い範囲を尋ねるものがある。回答は子ども自身によるものと，保護者や養育者によるものがある。スクリーニングを行う場所によって，その目的に違いもある。例えば，学校では PTSD であるかどうかを調べるために実施するのではない。質問項目の内容はより広く，心身に生じたストレス反応を把握するものがふさわしい。

注12）ふるいにかけるという意味の語だが，ここでは集団の中から配慮を必要とする子どもを見出すこと。

表9　PTSD症状およびトラウマ反応評価尺度

成人用	IES-R（Impact of Event Scale-Revised） PDS（Posttraumatic Diagnostic Scale） PCL（PTSD Checklist） PTSD 3項目版簡易スクリーニング[50]
子ども用	UPID（UCLA PTSD Reaction Index for DSM-5） TSCC（Trauma Symptom Checklist for Children） CBCL（Child Behavior Checklist）

　PTSD症状およびトラウマ反応の評価尺度が開発されている（表9）。
　また，PTSDをアセスメントするための構造化面接が開発されている。PTSD臨床診断面接尺度（Clinician-Administered PTSD Scale; CAPS）がよく知られている。面接は，より侵入的で長い時間を要するが，より詳細に症状を理解することができることがメリットである。適切なやり方で行われる場合，治療関係を築く手助けにもなる。また，トラウマに関連した認知は症状と関わるものであり，症状を持続させているかもしれない認知を評価することは非常に重要である[14]。
　PTSD症状は，ADHD，パニック障害，不安障害，うつ病，双極性障害など，ほかの疾患とまぎらわしい状態を示す[3]。そして，PTSDはトラウマ後に最も普通にみられる症状というわけではなく，合併症がしばしばみられる。うつ，不安障害，素行障害，アルコールの乱用はしばしばみられる。合併症がみられる場合は，それぞれがいつ始まったかを特定することが重要である[14]。アセスメントは慎重に多面的に行うことが必要であり，さまざまな精神症状，そして身体や行動にあらわれた反応を評価する。
　子どもに質問する際には，年齢にあわせたわかりやすい表現にする。診断基準にあるような，抽象的，一般的な表現で質問しても，子どもには理解が難しい。その子どもの状況を踏まえた具体的な言い方を用いるべきである[3]。例えば，「何かのきっかけでそのことを思い出すと，怖くなったり嫌な気持ちになったりしますか」というより，「そこ（その出来事が起こった場所）に行ったら，嫌な気分になる？」と聞く方が，子どもは答えやすい[54]。また誘導尋問をしないようにする[14]。
　反応は時間の経過とともに変化するものであり，スクリーニングのタイミ

ングは重要である。スクリーニングは自己回復できつつあるものとそうでないものが分かれる時期に行うのが適切と考えられ[145]，トラウマ体験から2～3週間後（a few weeks after trauma）がそのタイミングとなる[14]。出来事の直後，間もない段階で，予後を予測することはそもそもできない。

　子どもは自分のこと（トラウマ体験や症状）をかなり正確に報告できるが，自分の行動については正確につかめていないこと，そして，まわりの大人は，行動観察はできるが，子どもの内面の苦悩については過小評価する傾向があることに注意が必要である。複数の人から情報を得ることが望ましい[3, 11]。

　一方，子どもが自分のことをうまく語れないこともある。

・話したいと思っても，うまく言葉にならず話せない。
・心配をかけたくないという気持ちが子どもに働く。大人が強い衝撃を受けているとき，子どもはそのことを感じ取っているものである。
・大人から，「もうそのことを考えるのをやめなさい」と言われているため，言葉にできない。
・子ども自身がその出来事について語ることに恐れや恥ずかしさを感じている。
・思春期の年齢で，自分の内面を打ち明けることにためらいを感じる。

　子どもの回復にとって，生活環境，まわりの人との関係は重要な要因である。学校と家庭の両者について，情報を集めたい。学校については，クラスメートとの関係，担任のとらえ方，担任との関係など，家庭については，家庭状況，保護者の養育機能，子どもとの関係，保護者（特に母親）のメンタルヘルスなどについても可能な限り情報を収集する。全体として，リスクファクターだけでなく，レジリエンスファクターにも目を向けることが必要である。

PTSD の治療

　（学校は治療機関ではないが，参考までに治療について記述する。）
　トラウマ体験の直後に急性ストレス障害の症状が生じても，時間の経過とともに自然に回復する人もいる。急性ストレス障害から PTSD に移行するものは約半数とされる[8]。自然回復とは，日常生活のなかで，トラウマの記憶が何度も賦活され，トラウマに関連した考えや感情が呼び起こされるが，そ

れをほかの人と話し合い，トラウマを思い出させる状況に向き合うことで，世界は危険であるとか，自分は無力であるといった考えが修正され，回復していくものである [71]。一方，PTSD が慢性化するのは，トラウマの想起刺激を極度に回避したために，トラウマ記憶が適切な処理を受けなかったからである。PTSD 治療のカギとなる要素は，出来事との直面化であり [126]，持続エクスポージャー療法（Prolonged Exposure; PE）はその典型といえるが，これまでにさまざまな治療法が開発されている。

　国際トラウマティック・ストレス学会による PTSD 治療ガイドライン [16] では，早期介入（出来事から3カ月以内に行うもの）と治療に分けて，現時点でのエビデンスをもとに評価し5つのレベルに分けている（表10）。強く推奨されるもの（レベル5とする），標準（レベル4とする），低い効果（レベル3とする），エビデンスが出てきているもの（レベル2とする），エビデンスが十分でないもの（レベル1とする）までの5段階である。

　成人を対象とした治療で強く推奨されている5つの心理療法に共通する中心的要素は，トラウマに関連した認知を扱うこと，トラウマ記憶を思い出し活性化すること，経験上の回避を扱うことの3つだが，それぞれの介入において，これらの要素をどのように扱うかは異なっている [114]。

　CBT にはさまざまな技法があるが，PE はよく知られた効果的な治療法である。PE の中心的技法は2つある。現実曝露（エクスポージャー）と想像曝露（エクスポージャー）である。前者は，不安階層表を作成して，回避したい状況にチャレンジしていく。後者は，トラウマとなった出来事を思い出し，その時の感情を感じながら，現在形で語る。それを繰り返し行い，録音して家で聞き直す。これらを通して，「私は無力である」「世界は危険である」などトラウマによる自分自身や世界に対する否定的認知を変えることができる [92]。

　EMDR（Eye Movement Desensitization and Reprocessing；眼球運動による脱感作と再処理法）の治療メカニズムは十分明らかになっていないが，エビデンスをもつ治療法として認められている [127]。

　なお，エビデンスレベルが4である PCT（Present Centered Therapy；現在中心療法）は，最初にトラウマ，PTSD に関する心理教育を行うが，その後は日常生活の中でいま困っていることを話題とし，その対処を考えていくものである [128]。理論的ベースは心理療法における共通要素を基にしており，

表 10　PTSD 治療のエビデンス

子どもや思春期対象			
3カ月以内	予防的介入	レベル3以上のものはない	
	治療的介入	レベル2以上のものはない	
	薬物療法	レベル2以上のものはない	
治療	心理療法	レベル5	養育者と子どもを対象としたCBT-T 子どもを対象としたCBT-T EMDR
		レベル4, 3はない	
	薬物療法	レベル2以上のものはない	
成人対象			
3カ月以内	予防的介入	レベル3以上のものはない	
	治療的介入	レベル4	CBT-T，認知療法，EMDR
	薬物療法	レベル3以上のものはない	
治療	心理療法	レベル5	認知処理療法，認知療法，EMDR，個人対象のCBT-T，PE
		レベル4	非トラウマ焦点付けCBT，グループ対象のCBT-T，インターネットによるCBT-T，NET，PCT
	薬物療法	レベル3	フルオキセチン，パロキセチン，セルトラリン，ベンラファキシン

注：CBT-T（CBT with a trauma focus；トラウマ焦点付け認知行動療法）。トラウマ処理を含む CBT を指すもので，意味は広い。
EMDR（Eye Movement Desensitization and Reprocessing；眼球運動による脱感作と再処理法）
PE（Prolonged Exposure；持続エクスポージャー療法）
NET（Narrative Exposure Therapy；ナラティヴエクスポージャー・セラピー）
PCT（Present Centered Therapy；現在中心療法）

クライエントのもつ力（ストレンクス）に着目する。トラウマに焦点化しないので，クライエントにかかる負荷が低く，ドロップアウトが少ない。これまで成人を対象に個人またはグループで実施されている。トラウマを直接的に扱わないが，治療効果を上げているという点で興味深い。トラウマ治療の専門家以外の支援者にとって示唆に富むアプローチである。トラウマの専門ではない治療者がトラウマを扱い，結果として状態を悪化させてしまうことがままあるが，トラウマを直接扱わなくても治療的効果を上げることができ

るのであれば，それは有力な選択肢の一つになる。

　複雑性 PTSD の治療に関して，感情と対人関係調整のスキルトレーニング・ナラティヴ・セラピー（Skills Training in Affective and Interpersonal Regulation Narrative Therapy; STAIR-NT）が知られている[25]。これは 16 セッションから構成されているが，前半のセッションで感情調整および社会性と人間関係のスキルに焦点をあて，後半ではトラウマ記憶を語る曝露療法が行われる。これは，児童虐待のサバイバーを対象に，どのようなニーズ，問題を抱えているか調査した結果，対人関係，感情調整，PTSD 症状の 3 つが明らかとなり，それらに対する治療として開発されたものである。現在，研究が蓄積されているが，PTSD やトラウマに関連した社会的，情緒的障害に対する有効性が示されている[26]。これは成人を対象としたもので，思春期の子どもについてはまだ研究が少ない[53]。

TF-CBT

　トラウマ焦点化認知行動療法（Trauma-Focused Cognitive Behavioral Therapy; TF-CBT, 表 11）[注13] は，トラウマを体験した子どもたちの PTSD やトラウマに関連したそのほかの症状を軽減するための治療法として最もエビデンスがある[53]。当初は性的虐待を受けた子どもを対象に実施されたが，その後，対象が拡大され，さまざまなタイプのトラウマに適用されている。内容は，多様な要素から構成されているが，中核となるのは，トラウマナラティヴ（トラウマの記憶と向き合い，表出する）と実生活内曝露である。その点は成人を対象とした PE と共通である。成人の治療と比較すると，トラウマ記憶に対してより段階的に曝露していくものとなっている[55]。TF-CBT では，子どもの PTSD 症状だけでなく，トラウマに関連したうつ症状，不安症状，行動上の問題，性的逸脱行動，恥の感情，信頼感，社会生活能力などにおいても改善が認められている[57]。

　TF-CBT は，週 1 回，60 〜 90 分，8 〜 16 回のセッションで行われる。「親を治療に含むことは，子どもたちがトラウマ症状から回復するために決

注13）CBT-T という用語もあるが，TF-CBT は，子どもを対象としトラウマに焦点化した認知行動療法として，2006 年に Cohen, Mannarino, & Deblinger によってまとめられ刊行されたものである。

表11　子どもを対象とした TF-CBT の内容 [28]

・心理教育

　心理教育は，治療の開始時点で行われるが，その時だけでなく治療を通して子どもと養育者に行われる。第一の目的は，トラウマティックな出来事に対する反応を自然なことであると伝え，トラウマ体験後によくみられる心理的，身体的な反応に関する情報を提供し，何が起こったかに関する正確な認識を強化することである。

・ペアレンティングスキル

　子どもの適切な行動が増えるように保護者の関わり方を教える。

・リラクセーション

　呼吸法，筋弛緩法，マインドフルネスなど。

・感情の表現と調整

　さまざまな感情が生じることを理解し，それを表現したり，コントロールしたりできるようにする。

・認知的対処と処理

　思考・感情・行動の関係を理解し，不適切な思考を修正する。

・トラウマナラティヴと認知処理

　トラウマ体験について表現する。
　トラウマに関わる不適切な認知を修正する。

・トラウマリマインダーの実生活内コントロール

　トラウマを思い出させるものを回避しなくても生活できるようにする。

・親子合同セッション

　心理教育やスキルを復習し，子どものトラウマ体験を共有し，開かれたコミュニケーションがとれるようにする。

・将来の安全と発達の強化

　子どもが自らを守れるようなスキルをトレーニングする。

定的な要素である」と考え [28]，保護者も治療に参加する。そこでは，養育力（ペアレンティング），親子のコミュニケーション，家族のアタッチメントを改善することをねらいとしている。これは，TF-CBT を実施するときだけでなく，子どもたちのトラウマを支援する際に重要なものであると考えられ，心に留めておきたいことである。

　なお，トラウマに焦点化した心理療法は，現在もトラウマを受け続けているケースには薦められない。その場合，まず安全を確保することが優先である [36]。また，挑戦的な態度や不服従，攻撃的行動，反社会的行動などの問題

や，重篤なうつや自殺企図，物質乱用がある場合は，まずそれらに対処すべきである[24]。

学校における PTSD 治療

これまで学校で実施された PTSD 治療プログラムに関する研究があるが，治療プログラムの多くは，CBT を基にしたものである[122]。また，プログラムの実施者は精神保健の専門家に限らず，マニュアルを用意して教員が行っているケースもある。これまで30以上のプログラムが行われているが，エビデンスがあるのはわずかである[53]。

学校は元来治療機関ではなく，PTSD 治療を行うことには限界や制約もある。その一つは，クリニック等で TF-CBT を行うときと同じように十分な時間をかけることや，保護者が治療に参加することが難しいことである[52]。

一方で，メリットもある。それは，アクセシビリティ（利用の容易さ）である。ハリケーンによる災害の15カ月後に，PTSD 症状のみられた小学4年生から中学2年生の118名を，学校と地域のクリニックにランダムに振り分け，学校ではグループ治療，クリニックでは個人治療を行った結果，治療を終了したのは学校では93％，クリニックでは15％であった[51]。家族が子どもを連れてクリニックに継続的に通うことは容易ではない。学校での治療には制約もあるが，受けることのないとても良い治療より，まずまずの治療でも受ける方がよいということになる[36]。このことから，将来的にトラウマの治療はすべて学校で行うべきということにはならないが，学校で支援を行うことの重要性を示すエピソードであると考える。多くの子どもが影響を受けている，あるいは支援の提供が限られるような状況では，学校で行う治療的支援が有益なものになるかもしれない[53]。狭義の治療を学校で行うことはさまざまな理由で難しいものだが，学校は支援を提供する場として，有利なところである。学校で提供できる支援をいかに効果的に，うまく提供できるかが課題である。今後の課題として，提供可能な支援のバリエーションを増やし，質を高める努力が必要である。

当事者の心理

トラウマ体験後，苦痛を感じている人，支援のニーズを抱えた人が自ら援助を求めるとは限らない。家族や友人からのサポートは歓迎しても，専門家による援助を求める人は少ない[90]。ここでいう「専門家」とは，学校場面でいうなら，学外の病院や専門機関を意味することもあれば，学内のカウンセラーのこともある。保護者にとって，スクールカウンセラーよりも学級担任の方が，心配なことを気軽に話せる存在かもしれない。そのことは担任も承知しておいてほしい。まずは担任として話を聞き，受け止めることが大事である。

当事者は，「自分はまだ大丈夫」「自分で何とかできる」「苦痛を訴えることは自分の弱さを認めることになる」「おかしくなったと思われるのではないか」などと考えることがある。そのような気持ちを抱いているかもしれないという前提で，支援を進めていく必要がある。

回復という点からいえば，家族や友人などプライベートな人間関係の果たす役割は実際非常に大きい。「外傷性ストレスや外傷後ストレスに苦しむ人々にとって重要な癒しは，往々にして臨床心理や医療の場面でよりも私的に行われる」ものである[33]。支援にあたるものはこのことをよく理解したうえで，支援を進めていきたい。

重要なことは，当事者の回復の過程が進むことである。そのために何ができるか，すべきかが常に問われなければならない。当事者に対して自分は直接どのような支援ができるかを考えることはもちろんだが，当事者目線で状況をとらえ，環境や関係者への働きかけなど，広い視野から回復のプロセスが促進されるために必要なことを考えることが，支援者の課題である。

専門機関へのリファーと保護者の認識

病院や専門機関に相談すべき状態についての統一的見解はないが，急性ストレス障害やPTSDあるいはそのほかの症状が継続し顕著なとき，自殺念慮や自傷行為がみられるとき，そして睡眠や食事をはじめとして，基本的な日常生活に支障が生じていることは一つの目安となる。また，もしも専門的な

ケア，治療が必要であったとしても，家庭や学校など日常におけるケアが適切に行われることが，前提として重要であることは忘れずにいたい。

　子どもが学校外の施設で支援を受けるには，保護者の合意が条件となる。保護者が必要性を認識し，その意思が明確でなければ，治療にはつながらない。外部機関を紹介する前に，心理教育や情報提供も含めて，丁寧な話し合いが必要になるであろう。トラウマの問題に限らないのだが，子どもを心配する気持ちが強いがゆえに，学校側が保護者の認識を十分に確認せずに，受診を勧めてしまうことがある。まずは問題を共有するプロセスを大事にしたい。それによって，子どもを回復の軌道に乗せていく道筋が見えてくるであろう。

　以下のような場合，保護者の同意を得て対応を進めることが難しくなる[24]。

・保護者がトラウマ体験を認めていない（虐待など）。
・保護者はトラウマ体験が子どもに影響すると思っていない。
・保護者自身がひどく混乱していたり苦痛を感じていたりして，保護者の機能を果たせない。
・保護者が治療の有効性を信じていない。
・経済的な問題など，現実的な問題に直面していて余裕がない。

控えるべき言葉

　トラウマ体験をした人に向けて何と言えばよいのかという疑問に対する正解はない。一方，言うべきではない言葉がある[80]。例えば次のようなものである。

　「がんばれ」「あなたが元気にならないと亡くなった人も浮かばれません」「泣いていると，亡くなった人が悲しみます」「命があったのだから良かったと思って」「このことはなかったことと思ってやり直しましょう」「将来はきっといいことがありますよ」「私ならこんな状況は耐えられません」「元の通りに戻るから」「気持ちはよくわかります」

　つらい状況にある人を目の前にして，励ましたい，力づけたいと思うことは間違いではないが，"問題"はこちらの気持ちではない。善意によるものかもしれないが，安易な発言によって，傷つき落胆することがあっても，当事者はおそらくそのことを表現しないであろう。そして，当事者の気持ちを

理解しようとすることは大切なことだが，そもそも簡単に「気持ちはわかります」と言えるような心理状態ではない。そう言われても違和感を生むだけである。当事者と関わりをもつさまざまな立場の人の中に，このような発言をする人がいるかもしれない。

　子どもの身近にいる大人として，教員や保護者には気をつけてもらいたいことである。例えば，いつもと明らかに違う子どもの様子をみていて，保護者自身もつらくなり，何とかしてあげたいと思うが，特効薬はない。そういう状況の中で，保護者が子どもに向かって思わず，「あなたが……だと，○○さん（故人）が悲しむよ」「いつまでも気にしていないで」などの言葉を口にしてしまうことがある。その言葉によって，子どもの気持ちは楽にならない。むしろ回復を妨げてしまう可能性が高い。子どもに何かあったとき，保護者は子どもに対する支援提供者として重要な役割を担う立場であり，保護者が子どもに適切に関われるように，保護者支援を行いたい。

エピソード

　Eさんの親友が急死した。Eさんはその友達とちょっとしたことでケンカをし，仲直りをしていなかった。Eさんはケンカしたこと，仲直りをしなかったことを後悔した。友達が亡くなった理由は，自分とは関係なかったが，とても悪いことをしたという思いが消えなかった。喪失感，自責感が強まり，心身にストレス反応が生じた。その様子をみていた母親は何とかしてあげたかったが，なす術もなかった。心配が募るばかりの母親が伝えた言葉は，「いつまでも考えていてもしょうがないでしょ。もう忘れなさい」であった。少しでもEさんの気持ちを楽にしてあげたいという気持ちであったが，Eさんのストレス反応は続いた。

　SCは，母親の言葉が回復にブレーキをかけていると考えた。母親には，「前に～と言ったけれど，あれは間違っていたかもしれない」とEさんに伝えることを助言した。母親はそれを行い，その日を境にEさんのストレス反応は明確に落ち着いていった。

▮ 二次被害

　二次被害とは，被害者が被害後に関係者の言動によって傷つけられたと感

じる体験のことであるが，犯罪被害者を対象に行った調査では，加害者やその家族，加害者の弁護士をはじめ，警察官や裁判官，報道関係者，親戚，近所の人，友人，家族等から二次被害を経験したとする人が多数いる[98]。非難，中傷は論外としても，当事者の心情に対して十分な配慮がない結果である。「いつまでも泣いていると故人が浮かばれない」「相手を許すべき」「〜していれば防げたのでは」など，当事者を傷つけ，苦痛となる言動は，当事者の回復にマイナスの影響を与えるものである。二次被害は犯罪被害者に限らず，さまざまなトラウマ体験をした人が経験する可能性のあるものである。それを予防することも支援活動の中に含まれる。

心的外傷後成長

心的外傷後成長（Posttraumatic Growth; PTG）とは，非常につらい出来事をきっかけとした苦しみや精神的もがきの中から，人間としての成長が経験されることを意味する[136]。PTG では，traumatic という言葉が使われているが，その出来事は PTSD の診断基準（DSM-5）で定義されるものほど限定的ではなく，その人の信念や世界観を揺るがすような出来事とされ，広範囲にわたる。

PTG と PTSD を同時に経験する人もいて，両者は相反するものではない[137]。また，大変な出来事を経験した人がすべて PTG を実感するわけではない。PTG は外から押し付けるものではなく，他者が「成長しろ」「強くなれ」というものではない。「何か良かったことはありますか」など，PTG を期待するような言葉かけは当事者の気持ちに寄り添うものではない[45]。これらの点に注意が必要である。

テデスキとカルフーン（Tedeschi & Calhoun）[139]は，5 つの領域からなる PTG 尺度を作成している。以下，項目例である。

①他者との関係：他者に対して，より思いやりの心が強くなった。
②新たな可能性：自分の人生に，新たな道筋を築いた。
③人間としての強さ：自らを信頼する気持ちが強まった。
④精神性的（スピリチュアルな）変容：精神性，魂や神秘的な事柄についての理解が深まった。

⑤人生への感謝：自分の命の大切さを実感した。

　これまでの調査の結果，出来事の特徴，年齢，文化，宗教，言語の違いによって PTG の領域数が異なることが示唆され，今後新たな領域が見出される可能性もある [136]。

支援者の負担

　トラウマケアに関わる支援者は，二次受傷（二次的外傷性ストレス，代理受傷，共感疲労）やバーンアウト（燃え尽き症候群）などの問題に直面する可能性がある。それは支援者個人の問題であるとともに，提供される支援の質にも関わるものであり重要な課題である。

　二次受傷とは，トラウマを負った人に関わり，その人に共感的であることからくるもので，間接的トラウマ体験である。また，子どものトラウマに関わる人は，二次受傷の影響を受けやすいとの指摘もある [33]。二次受傷の危険・予防要因に関する研究で取り上げられているものは，支援者の個人的要因と職場環境要因の２つに分けられる [64]。前者は，年齢，配偶者等の家族の有無，専門的実践経験の有無，家族や友人からのサポート，トレーニングの程度などであり，後者は，トラウマ事例への対応程度，トラウマ事例のタイプ，職場からのサポートである。また，トラウマに関わることで支援者自身の過去のトラウマ体験の記憶が賦活されることもある。

　二次受傷は，カウンセラーのみならず，教職員や保護者にも関わる問題である。そして，直接トラウマを体験した人と同様に，非常に多様な反応が生じる。PTSD 症状をはじめ，さまざまな心身の反応が生じたり，ものごとのとらえ方や考え方が影響を受けたりする。日常生活や仕事に支障が生じるほどの影響を受ける可能性もある。セルフケアとしてまず重要なのは，そのような影響を受けていないか，自分自身の変化に気づくことである [10]。

　バーンアウトは，二次受傷とは異なり，時間の経過とともに徐々に進行していくものである。バーンアウト概念は時代とともに変化してきているが [74]，実証的研究では，バーンアウトは３つの次元でとらえられ，尺度が作成されている [87]。それは，「情緒的消耗感」「シニシズム（サービスの受け手に対する無情で非人間的な対応）」「個人的達成感の低下」の３因子から構成されて

いる。

　マスラックとライター（Maslach & Leiter）[88]は, バーンアウトを人と仕事のミスマッチによるものとし, 具体的に6項目をあげている。それらは, ①仕事量, ②仕事を遂行するうえでのコントロール感覚, ③さまざまな報酬, ④肯定的な職場の人間関係, ⑤尊重され価値を認められること, ⑥仕事で要求されることと自分の価値観との葛藤である。この指摘をみると, 環境要因の影響が大きいことがわかる。環境要因の中には, 組織のあり方に関わるものと, 組織を構成する人たちのあり方に関するものがある。その両面で考えていく必要があるが, 構成メンバー次第で変えられるところもある。マスラックら[88]による指摘内容は, バーンアウトに至らずとも, 支援者の負担軽減のために対処, 工夫すべきことを考えるうえで示唆に富むものといえる。

　支援者の負担軽減のための方策は, 支援者個人および職場のそれぞれで考えていかなければならないものだが, 二次受傷やバーンアウトについて学んでおくことは, それらを予防するうえで重要である[106]。

　トラウマに関わる業務は難しく, 支援者の負担も大きい。負担軽減のため工夫努力は多面的に考えなければならないが, オンとオフの切り替えをしっかりとして, 業務においてはその状況下で必要なことと自分に可能なことの接点を的確に見出し, さまざまな人との関わりを大切にしながら, 支援者自身が上手にサポートを求めることが肝要である。

　より具体的には以下のようなことがあげられる。健康に留意した生活を送る。十分な休息をとる。リラクセーション（任意の方法で）。自分の限界を知る。現実的な目標設定をする。職業倫理を守り, 過剰な関わりを避ける。スーパービジョンやコンサルテーションを受ける。同僚との会話を大切にし, サポートを受ける。業務とプライベートの気持ちの切り替えをはっきりさせる。家族や親しい人との関わりを大切にし, サポートを受ける。気分転換や趣味に時間を費やす。自然に触れる。

第3章

学校におけるこころのケア

　学校が危機事態に直面した際，どのように対応するかはまさにケースバイケースであり，同じものはない。あらかじめ決まった答えはないが，そこには基本となる考え方があり，それを基に状況を踏まえて柔軟に対応することが求められる。本章では事件や事故等によって学校レベルの危機が生じた際の対応を中心に，対応の基になる考え方や留意点を述べたい。

学校危機への対応

　多くの児童生徒たちがショックを受け，学校全体が影響を受けるような出来事が起きたとき，学校外から緊急支援チームが派遣されることがある。ここで注意が必要である。子どもたちへの支援は，そもそも緊急支援チームが学校に到着してから開始されるものではない。例を挙げて説明しよう。校舎の3階から子どもが転落したとする。救急車を要請し，その子どもは病院へ搬送される。学校内には，その子どもが転落するとき，あるいは転落した後の様子を目撃した子どもがいる。また，救急車のサイレンに気づき，何が起きたのかと心配になる子どもがいるだろう。一方で，特に何かが起きたとも思わず，いつも通りに過ごしていたが，まわりの様子が何か変だと気づいた子どもがいるかもしれない。そのような子どもたちの気持ちを落ち着かせ，動揺を静めるために，教員は動く。一方で転落したときの状況について子どもたちから聞き取ることも必要である。家庭にも連絡しなければならない。出来事が起きた直後から，学校としての対応が求められる。ここで，出来事の事後処理とこころのケアは連続した一体のものである。そして，その対応の主体はいうまでもなく，その学校の教職員である。

　緊急支援チームが派遣される場合，それが即日なのか，翌日以降なのか，さまざまな事情により違いがあるが，児童生徒への対応は出来事が起きた直後から必要になる。このことを念頭に置いて，学校としての準備をしておき

たい。このことを前置きとして，以下，学校危機におけるこころのケアについて考えていきたい。

教員・保護者・子どもの支援関係

　教員・保護者・子どもの間には，図5のような支援関係がある。教員は学校で子どもたちを支援するとともに，家庭で子どもを支援する保護者に対しても支援を行う立場にある。保護者が子どものことで何か困ったことが生じたとき，教員に助言を求めることは自然なことである。そして教員は保護者の力になるように努める。子どもを対象とした，学校におけるこころのケアを考えるとき，この3者の関係性を考慮しながら，支援を進めることによってよりよい支援が可能になると考えられる。それは学校外からの支援チーム派遣の有無に関わらない。

日常におけるケア

　「トラウマの治療は，トラウマティックな経験の当事者にとっては，回復に際して起こるさまざまな局面のうちの一つに過ぎない。専門的治療を経ずしてトラウマからの回復が図られることも決して少なくない。」[79)]

　こころのケアといっても，それを行う場所によって，また立場によって行うべきことに違いがある。では学校では何をすべきなのか。この問題を考えるとき，支援を2階建てのイメージでとらえるとわかりやすい（図6）。1階は，日常におけるケアであり，2階は病院や専門機関における治療である。もしも専門的なケア，治療を受ける場合でも，家庭や学校などの日常におけるケアが適切に行われていることが前提として重要であり，それによって治療が十分な効果を上げることが可能になる。現実には，トラウマ体験の後に

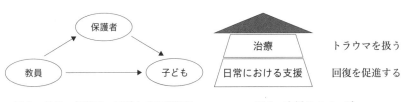

図5　教員・保護者・子どもの支援関係　　　　図6　支援のイメージ

治療を受ける子どもや大人は限られた一部であり，多くは日常におけるケアのみである。

　トラウマそのものに焦点があてられる治療と比較していえば，日常におけるケアは，より広い観点からとらえ，その人の生活を支援していくことに重きが置かれる。学校は子どもたちの日常の一部であるが，そのことはケアを進めていくうえで限界を示すのではなく，むしろ活かされるべきことである[152]。回復のプロセスにおいて，日常は重要な意味をもつのであり，学校では，病院や専門機関とは内容が異なるが，意味のある支援を提供することが可能である。日常におけるケアには，こころのケアであることを意図して行われるものと，特にそのような意図はないが，実質的にその意味をもつものの両者が含まれる。

エピソード

　Fさんの家族が自殺（未公表）。保護者からは，「しばらく休みます。そっとしておいてください」との連絡があった。担任はFさんの傷つきを心配し，また休んでいることについてクラスでほかの子どもたちが心配しないように話をしたかったが，管理職からは控えるように言われた。学校は「どうしてよいかわからない」状態となった。

　SCは，"遺族感情のケア"と"予想される現実的な問題"（うわさ，登校時のまわりの反応等など）を区別した。そのうえで，後者への対応はすぐに行うべきではないかと管理職に提案した。管理職は「ぜひそうしたい。自分が出ていってもよい」とのことで，家庭訪問をすることになった。担任も保護者に連絡を入れた。保護者からは「そこまで考えてくれているのですね」との言葉をもらった。

回復を促進する要因

　トラウマから回復するうえで重要な要因として第一にあげるべきは本人のもつ回復力（レジリエンス）である。その回復力が発揮されるために，安全，安心を確保することが必要となる。そして安心感は他者との関わりを通して得られるものである。子どもにとっては，家族をはじめとした身近な大人の存在が大きな影響をもつ。また心理教育（第2章「直後から早期の支援」の

節を参照）も安心感に貢献する。

　安全と安心はセットでとらえられることが多いが，イコールではなく区別が必要である[110]。例えば，学校で子どもから「親に殴られる」という訴えがあり，児童相談所に連絡し，その結果，一時保護になることがある。子どもは親から殴られる危険はなくなったが，知らないところへ一人で連れていかれるわけで，安心できる状況ではない。そして子ども自身，自分の訴えによってそのような結果になるとは想像していなかったはずである。

　第二の要因として，日常生活におけるサポートが重要である。トラウマ体験をした人にとって，トラウマは大きな問題であるが，それ以上に，生活していくこと，生きていくことが問題となる。ふだんは当たり前のことであった日常生活が，当たり前ではなくなる。

　池田小事件で子どもを亡くされたある保護者は次のように語っている[123]。「事件後，…（略）…何人かの専門家に会う機会がありました。しかし，私たちは，これらの専門家に何を期待すればいいのかよくわかりませんでした。これらの支援者は，私たちの『こころのケア』に目を向けてくれていました。しかし，私たちは親として，そして家族として普通の生活に戻るための『具体的な助け』を必要としていました。」支援は，支援を受ける当事者の目線で考えることが肝要である。

　日常生活を送るなかで徐々に回復は進んでいくものであり，その日常生活を送るうえでのさまざまなサポートがとても大事な意味をもつ。日常生活の多様なストレスは，PTSDのリスク要因である[20]。そのサポート自体は生活に関わるもので，トラウマとは直接関係ないかもしれないが，トラウマからの回復に貢献することになる。

　災害やテロなどが起きた場合，日常環境が大きなダメージを受け，通常の生活が物理的に困難となるが，そうでない場合，日常生活は可能な範囲でいつも通り過ごすことがよい。日常環境がいつものようにあることは子どもたちの気持ちを安定させるために重要である。

　そして，これらに続いて，治療があげられる。ただし，病院や専門機関で治療を受ける人は，トラウマ体験者の中の一部であり，ほとんどの人は，治療を受けずに，回復の過程を進んでいくのが現実である。そういう点からも，日常における支援の重要性は明らかである。治療に目を向ける前に考えるべきことがある。また治療が必要と思われるケースでも，当事者がすぐにそれ

を望まないことや，適切な治療を受ける場所が身近に見当たらないこともある。その場合でも，日常における支援は可能であることは忘れずにいたい。できること，やるべきことがあるはずである。

エピソード

　家族が亡くなったGさんの担任は，何かあると大きな声で叱り飛ばすタイプであった。「カウンセリングというのは得意じゃないので，具体的にどう気を遣ってあげたらよいかわからない」という。

　Gさんの様子を聞くと，普段と比べて元気がないとのことだが，まわりの子どもたちがGさんに気を遣い，優しくしているので，まわりの子どもには「ありがとう」と伝えているとのことだった。その担任の声掛けが，Gさんのためにとても大事であることをSCから伝えた。

■ 緊急支援チームの派遣

　事件や事故など重大な出来事があった直後に，3日間程度，カウンセラーや精神保健の専門家が学校に派遣されることがあるが，地域・自治体によって，そのシステムには違いがある。構成メンバーは一通りではなく，カウンセラーによるチーム，教育委員会指導主事とカウンセラーによるチーム，医師や保健師などを含む多職種チームなど，さまざまであるが，その第一の目的は，重大な危機に直面した学校が正常な形で機能を発揮できるようにすることである[37]。

　子どもに関わる重大な出来事が起きて，その学校にカウンセラーが派遣されることになったと報道されると，ショックを受けた子どもたちのカウンセリングをするのだろうと思う人もいるが，それは正確な理解ではない。緊急支援チームは，まず学校全体をサポートすることが重要な役割であり，子どもを取り巻く環境（場）を安定させることにより，子どものこころのケアを図ることを重視する。これは「場」のケアと呼ばれる[66]。

　これは災害時（人為的災害も含め）の精神保健医療活動のあり方に関わるものである。災害時には，地域（集団）全体を対象にした活動と個人を対象とした活動の2つが必要となるが，まずは前者の活動を十分に行うことが，

個人の精神疾患の予防につながる[69]。これは学校が危機に直面した際にも参考になる指摘である。

学校危機における支援の内容

緊急支援チームが行う支援の内容として，以下のようなことが挙げられる[39,66]。

①評価とケアプラン策定の手助け

　学校全体の状況を評価し，何をすべきかを考える。

②教職員への助言，サポート

　子どもたちのストレス反応とその対応について心理教育を行い，子どもたちに適切な対応ができるように教員を支える。教員の負担を軽減するため，個人あるいはグループで面接を行うこともある。

③保護者への心理教育

　子どもたちのストレス反応，その対応方法，相談先などの情報提供を文書によって，あるいは臨時保護者会の場で行う。

④子どもと保護者への応急対応

　緊急支援チームが継続的個別ケアを行うことはないが，応急処置として心配なケースの面接を行うことはある。子どもたちの全員面接をするわけではない。教室で子どもの様子を見たり，学級での活動を手伝ったりすることはある。

⑤二次被害の防止，そのほか（マスコミ対応など）

　当事者やまわりの人たちが傷つくような事態を防止するための配慮，働きかけをする。

　実際の対応は，出来事の性質や学校状況などを考慮のうえで行うが，これらの指摘は学校危機における支援の全体像を把握するために役に立つものである。

学校としての準備・取り組み

　緊急支援チームが派遣されて対応にあたった場合でも，トラウマ体験の影響は3日間ですべて収束するものではない。その後の中長期にわたるケアを担うのは，その学校の教職員やスクールカウンセラーである。また現実には，子どもたちが強いショックを受けるような出来事があったとき，すべてのケースで緊急支援として外部から支援が入るわけではない。その場合も教職員やSCで対応することになる。

　上述した緊急支援チームの活動内容は，学校危機に直面した際に，学校にはこのような支援のニーズがあるといい換えることができる。そのように理解することが肝要である。そして，重大な出来事のあと，もしも緊急支援チームが派遣されなかった場合も，学校として可能な支援を積極的に行えるように準備をしておきたい。

　深刻な事件・事故等が起きると，子どものまわりの大人も強い衝撃を受け，どうしてよいのかわからない状態になり得る。そのとき，「そっとしておく」という言葉とともに関与しないことがある。その結果，子どもは「放っておかれた」と感じることになる[37]。危機に直面したときに，どうしたらよいかわからないために危機が無視されることがある[119]が，それを避けるためには，事前の準備と積極的に対処する姿勢が必要である。学校が積極的に対応している姿は，保護者や子どもたちに伝わるものであり，それは状況の改善にプラスに働くものである。

全体状況の把握

　全体状況を把握し，どのようなケアを行うかを検討することになるが，出来事によって，学校関係者に及ぼす衝撃の強さに違いがある。表12は，全国精神保健福祉センター長会[157]による資料である。どのような出来事であったかということ以外に，報道の有無，その規模や頻度等も強く影響する。これは，学校やコミュニティへの衝撃度を示すものであり，個人への衝撃度を示すものではないことはあらためていうまでもない。

　状況把握の方法としては，学校で児童生徒の様子を見ることはもちろんだ

表 12　学校危機における衝撃度 [157)]

規模	衝撃度	事案例
大規模	VI	北オセアチア共和国学校テロ
	V	大阪池田小事件
中規模	IV	佐世保市小6殺害事件 山口県立高校爆発物事件，数十人救急搬送
	III強	校内で自殺，数人以上が間近で目撃 プールで水死，多数が間近で目撃
	III弱	通学路で交通事故死，数人が間近で目撃 親子心中事件
小規模	II	自宅で自殺 川で数人で遊んでいる時に1人水死
小規模以下	I	家族旅行中の交通事故死

が，保護者からの情報も重要である。子どもが学校ではいつもと変わらないように見えても，家庭では不安な兆候を示すことがあり，保護者から情報が伝わることではじめてわかることがある。また，可能性としてはその逆もあり得る。学校で見ていると少し心配に思えるが，家庭に連絡して様子を聞くと，特に何も心配はないといわれるケースもある。いずれの場合も配慮が必要である。

ケアプランの作成

　ケアプランの作成は重要な課題である。状況を把握し，どのような規模でどのような対応を行うかを判断する。学校全体，当該学年，当該クラスなど，さまざまなレベルで，子どもたちおよび保護者への対応を検討する。

　ケア活動には個人を対象としたものと集団を対象にしたものがあるが，まず考えるべきは集団を対象にしたものである。すなわち，クラス，学年あるいは全校の子どもたちを対象として，誰がいつどのような話をするのか。当該クラスや関係生徒の面接を行うのか。保護者を対象として何をするのか。臨時保護者会を行うのか。お便りを出すのか。そのほか，状況に応じて必要な対応を検討する。

　集団を対象とした支援のあとに，個別の支援が必要な子どもや保護者にさ

らに対応するというのが全体としての流れである。とはいえ，実際には，同時進行で考えなければならないケースがある。当事者あるいは出来事との関わりが深い子どもや保護者への対応は，直後の段階から始まるものである。

　ケアプランは，直後の段階において状況を把握して何をするかを考えるが，その後，実際に支援を行いながら再度状況把握を行い，改めて必要な支援を検討するという作業を繰り返すことが必要である。トラウマの影響は長期に及ぶものであり，息の長い対応が求められる。時間の経過とともに全体の状況は落ち着いていくが，細く長く対応を続けていきたい。

■情報の収集と伝達

　情報を収集して，事実確認をするわけだが，その後の伝達，発信に十分配慮が必要である。特に子どもたちに対して，学校で何らかの情報を伝達する際に気をつけたい点がある。

①どのような場面で伝えるかを検討する。全校集会，学年集会，クラスなど，さまざまな状況が考えられるが，基本的な考え方として，深刻な話はあまり大人数の場でしない方がよい。
②クラスごとなど複数の教職員が伝達する場合，内容をあらかじめ文書化しておき，予想される質問について検討しておく。語られることに違いがあると，子どもたちの動揺につながる。
③事実を歪曲して伝えること，嘘は不適切だが，子どもの発達，理解に合わせたわかりやすい表現を用いる。
④内容や表現について，被害者や遺族など関係者の了解を得る。
⑤事件や事故のあと，しばしばうわさ話や風評が広がる。適切な方法で必要な情報を伝達することはそれらを予防する点でも重要である。また，事実と異なる内容を語っている子どもがいた場合には，その話は誰から聞いたものかを確認し，学校が把握していることと違うこと，ゆえにそのような話をするのは控えてほしいことなどを伝えたい。

　また，うわさ話を予防するために，クラスで話題にした方が良い場合もある。藤森[38]は，家族が自殺したケースを例として解説している。まわ

りの人たちからうわさのようなことをいわれることは，当事者にとってとても悲しいことであり，当事者を傷つけるものであることを子どもたちにしっかりと伝えたい。自殺であることを公表するかどうかは遺族の判断だが，高橋[135]は，自殺したという事実を隠そうとしても実際には短期間のうちに伝わってしまうものであり，事実を伝え必要な対策をとり，適切な援助を提供することが賢明であるという。

支援の開始：教職員への助言，サポート

　本章「学校危機における支援の内容」の節内で，①は，学校全体の評価とケアプラン策定であった。そのために情報を収集することが必要となるが，実際，それと並行して速やかに行うべきことは，②教職員への助言，サポートである。教職員に対して，どのように子どもたちに対応したらよいかを心理教育（情報提供）することが必要である。内容としては，ふだんないような出来事が起きたのだから，何らかのストレス反応が生じても当たり前であること，子どもたちにしばしばみられるストレス反応の例，ハイリスクな子どもの把握，これから日常を過ごすうえでの留意点，子どもたちへの言葉かけとして注意すべきことなどを教員に伝えるのである。実施のタイミングとしては即日，それが難しければ翌日の始業前までに行うことが望ましい。口頭で伝達することは時間的に難しいことが多いので，プリントを配布し，目を通してもらうという形が現実的であろう（プリントの例は第6章の**資料**参照）。事前に準備，作成し，すぐにコピーできるようにしておきたい。あらかじめ準備しておけば，プリントを配布するのは簡単なことであるが，その意味は非常に大きい。どのような心構えで子どもたちに向き合えばよいのかは，できるだけ早く共通理解しておきたい。

エピソード

　Hさんが事故で亡くなり，ニュースになった。朝の職員打ち合わせのとき，管理職から教員に向けてひとこと話をしてほしいと依頼されたSCは，次のような話をした。

　「一人ひとりの子どもの様子に注意を払いながら，基本的にはいつもと同じようにやってください。事故は起きた。でも，それによってこの世界が一変し

てしまったわけではないと感じられることは，子どもたちのこころの安定につ
ながります。」

　放課後，一人の教員が SC のところにやってきた。「今日は，どんな顔をし
て子どもたちの前に立てばいいのかと考えながら出勤した。でも，朝，話を聞
いたので，ちょっと落ち着いてやれた。」

　教職員の負担を軽減するための対応を考えることは必須である。支援にあ
たるものにとって 2 つの課題が生じる。1 つはどのように支援したらよいか
を考えるのが難しいことであり，もう 1 つはトラウマに関わることによる情
緒的負担である。トラウマに関する問題は，教職員にとって馴染みのないも
のであり，どのように対応するかを判断することは容易ではない。普段であ
れば迷うこともなく判断できるところが，「これで本当によいのか，大丈夫か」
という疑問が生じてくる。「まあ，これでよいのだろう」という気持ちで対応
にあたることは望ましいものではない。少しでも迷いが生じたときは，カウ
ンセラーに確認したり，ほかの職員の考えを聞いたりしながら対応すること
が大切である（情緒的負担に関しては第 2 章「**支援者の負担**」の節を参照）。

　教職員といっても立場はそれぞれであるが，やはり出来事と関わりの深い
子どもの担任の負担は大きい。特に子どもが亡くなったケースではなおさら
である。担任自身が非常に強いショックを受けている。そのような担任をし
っかり支える職員室であってほしい。学校危機において職員はそれぞれ自分
がやるべきことに追われ余裕がなくなる。職員同士の日頃の関係性，そして
管理職のリーダーシップが重要なポイントになるであろう。担任が受けた心
理的ショックは，短期に解消するものではなく，時間を必要とする。一方で，
学級運営上，クラスの子どもたちとの関わりのうえで，疑問や迷いが生じた
場合にはすぐに解決する必要がある。そこをサポートしていきたい。

エピソード

　I さんが病気で亡くなった。クラスの担任は，亡くなった I さんの机をどこ
におけばよいか考えていた。また亡くなった I さんの名前を口にすることにた
めらいを感じていた。学級運営上，名前を出さなければいけない場面が今後あ
るが，それによってクラスの子どもたちが悲しい気持ちになるのではないかと
思うと，心配であった。

　机の場所については，SCの助言により，クラスで子どもたちにどこがよい
か聞くことにした。子どもたちの答えは，席替えのときに先生がくじを引けば
よいというものだった。そのクラスでは普段くじで席を決めていた。担任は
「そうする」と伝えた。その件をきっかけにして，担任は亡くなったIさんの
名前を自然に口にするようになり，クラスの子どもたちも自然に振る舞ってい
るように思えた。

支援の展開

　どのように実際の支援を展開していくかはケースバイケースで相違がある
が，そこに，支援活動全体のマネジメントをどうするかという課題が生まれ
る。これは，緊急支援チーム派遣の有無に関わらず，大変重要な問題である。
　全体状況を把握したうえで，具体的にどのような対応を行うべきかを判
断するわけだが，支援は何かを一度行えば済むものではない。PDCAサイ
クル[注14]が必要である。また，多数の要因を考慮しながら進めていかなけ
ればならないため，一人の人間だけで判断することは難しい。学校および
学校状況を把握しているもの，そしてこころのケアについて熟知している
ものがメンバーとして不可欠である。そのうえで最終的な判断は学校長が
行うことになる。
　現状では学校は危機に対して十分な備えがあるわけではなく，こころのケ
アについ
て十分に理解しているとはいえない。緊急支援チームが派遣されることに
なり，緊急支援としてどのような活動を要望するかを学校から聞き取ること
があるが，その回答を基に活動内容を決定するのは不十分である。厳しい言
い方になるが，学校の希望に応えれば十分というわけではない。

注14）Plan（計画），Do（実行），Check（評価），Act(Action)（改善）の頭文字をと
　　ったもの。この4段階を繰り返して継続的に業務を改善するという考え方。

保護者への支援

　子どもたちが回復していくうえで保護者の果たす役割は大きい。保護者が子どもたちをどのように理解し，どのように関わったらよいかを心理教育することは，支援として大きな意味をもつ。そのための臨時保護者会を実施することがある。それは子どもたちの気持ちを落ち着かせ，状態を改善していくために，非常に有意義なものになる。

　子どもにとってトラウマ体験となる出来事は，同時に保護者にとってもトラウマ体験となり得る。また，傷つき不安定になっている子どもと接することで，保護者もしばしば傷つく。臨時保護者会でストレス反応や対応についての話を聞きながら，自身の心理状態を客観的にとらえなおし，気持ちを整理している保護者もいる。心理教育の機会は，子どもへの接し方を伝えるだけでなく，保護者集団の安心，回復に寄与すると考えられる。

　保護者会は保護者によって参加可能な時間帯が異なる。心理教育のためのお便りの配布も検討したい。お便りという限られた紙面で伝達できることには限りがあるが，意味は十分ある。保護者会実施の有無に関わらず，お便りの配布は検討したい。

　学校危機といっても，その出来事は多様である。学校管理下で起きた出来事など学校が説明責任を問われるケースもある。そのために臨時保護者会が開かれることがある。その場合でも，子どもたちがショックを受け，傷ついていると考えられるならば（ほとんどの場合そうであろうが），少し時間を割いて，子どもたちのこころのケアについてカウンセラーから話ができるとよい。事実説明と心理教育（こころのケア）は質的に異なるものである。その場合，こころのケアの話は，次のようにして開始できるだろう。「いま私たちが考えなければいけない問題はいろいろあります。そのうちの一つは子どもたちのこころのケアです。」保護者自身が冷静に状況に向き合うことが重要である。

　全校向けのお便りや保護者会の案内などを作成するときには，トラウマや心の病気という言葉は控える。トラウマという言葉より，ストレス，強いショックを与える出来事などの表現を用いる方がよい。

■ 支援のスタンス──必要な支援が提供されるために

　すでに述べた通り，出来事によって影響を受け，心理的苦痛を感じている人が自ら相談に行くとは限らない。多くの人が支援を必要とする状態にあるとしても，その人たちに必要な支援を提供するためには工夫が必要である。危機における心理職の仕事は，伝統的な個人臨床のスタイルとは違いがあり，より積極的な動きが求められる。いわゆる「待ちの姿勢」──相談の申し込みがあり，それに応える形で相談を受けるやり方──では十分とはいえない[143]。

　こころのケアに関する臨時保護者会に参加して話を聞く人は少なくないが，個別に相談を申し込む人はほんの少数である。学校相談室に相談の連絡が入らないことは，子どもたちがみな大丈夫であるということを示すものではない。その点は要注意である。相談室に電話をかけてくる人は，支援を必要とするかもしれない人たち全体の中のごく一部である。「余計なお世話」と思われない方法で，支援の必要な人に，必要な支援を提供するための工夫が重要である。

　教職員はすべての児童生徒や保護者とつながりをもつということをうまく活かしたい。状況をみて，様子が心配される子どもがいる場合，まずは担任が保護者に連絡をとり，保護者からみた子どもの状況を聞き取り，可能な範囲で，子どもへの関わり方を担任として助言する。それによって保護者の気持ちは落ち着き，適切な対応がとれるようになるはずである。ソーシャルサポート，人とのつながりは，回復を促進する要因として重要であるが，逆に，つながりが薄く，孤立した状態は状況改善にとって望ましくない。電話を入れ，少し話をするだけであっても，つながりを確認でき，大きな意味がある。そこで様子を聞き，必要があればカウンセラーとの面接を勧めるという流れは無理がない。保護者がカウンセラーに会うことを希望しないこともあるが，その場合はカウンセラーのサポートを受けながら担任がフォローしていけばよい。

　一方で，相談窓口が用意されていることは安心感につながる。お便りを通して，学校の相談室で相談ができることを伝えておくことが重要である。「今はまあ大丈夫だけれど，もしものときは……」と思う人もいる。相談できる

場所が身近にあり，相談に応じているという事実は，集団全体に精神的安定をもたらすと考えられる[80]。

エピソード

　心理教育を目的とした臨時保護者会に多数の保護者が参加していた。ほかの保護者と離れて，ひとりで座っている保護者がいた。質疑の時間の発言からは，親子ともに大変強いショックを受けていること，ほかの保護者とのつながりが薄いことが推測された。

　保護者会のあと，SC は同席していた教員から，その保護者の名前を聞いた。そして，その担任に，保護者に連絡を入れ，状況把握をしてほしいと依頼した。

スクリーニング：配慮を要する子どもの把握

　早い段階で，サポートが必要な子ども，ハイリスクな子どもを把握することが重要である。出来事との関わりと本人の脆弱性が問題となる。

①出来事との関わりが深い子どものほかにも，強く影響を受けやすい子どもがいる。以前からいろいろなストレスを抱えている。過去につらい経験をしている。家庭のサポートが少ない。発達障害の特性がある。これらに該当する子どもには特に注意したい。

②ほかのクラスや学年の子どもの中にも，出来事や被害者とつながりをもっていて，強いショックを受けている子どもがいる可能性に注意する。きょうだい関係や習い事を通した関わりなどは，広範囲にみられる可能性がある。

③自殺があった場合，以前からの自殺念慮，精神疾患の既往，さまざまな喪失体験，虐待などに該当する子どもは自殺のリスクが高まる[135]。自殺した子どもと面識があるかどうかには関わらない。自殺があったあと，休み始めた子どもにも要注意である。

④方法としては，アンケートやチェックリスト，個別面接のほかに，健康観察や行動観察，保護者からの情報も重要である。

アンケート・チェックリスト

　アンケートやチェックリストは，効率よく状態を把握できるが，注意が必要である。実施の可否，時期，方法，内容など慎重に検討したうえで行う。子どもの年齢にもよるが，保護者を対象として行う場合もある。

①子どもの反応は多様である。内容は，特定の症状（例；PTSD）に焦点をあてたものより，広く心身の状態を問うものの方がよい。また，アンケート・チェックリストの回答だけで，状態の良し悪しを判断しないようにする。あくまでも資料の一つである。

②自由記述形式で回答を求める場合，うまく言葉にならないことがあることに注意する。

③調査用紙にコメントを添えること（例；「ふだんないような出来事が起きると，体や心がいろいろ反応することがあります。それは少し時間がたつと，だんだんおさまってきます。次に書かれていることは，よくみられる様子ですが……」）で心理教育の一環とすることや，ストレス反応に限定せず，その時点でのさまざまな思いを書く欄を設けることによって子どもや保護者の声を聞くこともできる。

④回答を求めた後にどうするかをあらかじめ検討しておく。

⑤出来事の性質や対象者によっては，アンケート実施が難しいこともある。

⑥実施のタイミングも要検討である。学校では出来事から間もない時期にチェックリストを実施することがある。直後に多くの反応を示したとしても，時間の経過とともに自然に反応がおさまっていく子どもは少なくない。学校ではあまり日数をあけて実施することに違和感があるかもしれないが，配慮を要する子どもを的確に把握するという点からは，直後ではなく数日経過して，あるいは週明けに行うなどがよいであろう。また，多数の子どもたちが影響を受けていると考えられる場合，時間を空けて複数回実施することによって変化を確認するのもよい。

心理教育

　学校では狭義の治療を行うことは難しいが，回復を促進する支援は可能であり，心理教育はその点で非常に重要である。直後の段階で行う心理教育の基本的な考え方についてはすでに述べた（第2章「直後から早期の支援」の節を参照）。

　学校ではまず教職員に対して，必要な情報提供をすることが重要である。子どもや保護者に行う場合は，個人で行う場合と集団で行う場合がある。また実施者も，カウンセラー・教職員の両者が考えられる。カウンセラーが行うことが理想的だが，実際には教職員が子どもや保護者に対して，最初の心理教育を行うことは十分にあり得ることである。そういう点からも教職員が必要十分な知識をもっておくことが不可欠であり，後述するトラウマ・インフォームド・ケアの考えに基づき，日頃から研修を受けておくことが理想だが，それができていない場合には，出来事が起きた後，早急に教職員に対する情報提供を行う必要がある。

全員面接

　状況によってクラスや部活などの全員あるいは多数の子どもたちの面接を行う場合がある。その場合，まず誰が行うかを検討する。通常は，カウンセラーより担任（教員）が行う方がよい。担任（教員）が行う場合，子どもの日常を知っているからこそ，「ふだんと違う」ことが容易にわかる。そして，日常的に関わりのある教員とのつながりを再確認し，安心感を得る機会になる。そこに重要な意味がある。まずは担任（教員）が行い，そこで特に様子が心配であると思われた子どもについては，改めてカウンセラーが面接を行うという流れがよい。

　カウンセラーが行う場合，短時間で初対面の子どもの状態を把握することは難しい。そのカウンセラーが緊急支援として学校に来ているカウンセラーなのか，もともとの学校担当カウンセラーなのかによって違いも生じる。学外からの支援者が面接する場合，一度限りの面接になることも考えられる。その面接をどのように行い，その後にどのように活かしていくかを事前に考

えておく。

　面接の進め方は，直後の面接（第2章「**直後から早期の支援**」の節を参照）の流れに準じたものがよい。留意点は以下の通りである。

①通常の面接とは異なる。気持ちを落ち着かせ，心理教育やスクリーニングを行うことが主な目的である。子ども自身が自ら語ることは熱心にサポーティブに聞くが，その出来事についてどう思ったかなど，詳細に感情を尋ね，語らせようとすることはしない。

②最初の言葉かけはケースバイケースであり決まった正解はない。出来事にもよるが，「（今回のことは）びっくりしたでしょう」という言葉は，響きが中立的で言われた側に違和感が生じることが少なく，使える表現の一つである。

③話したくないようであれば，その気持ちを尊重する。しつこく聞かない。

④長時間行う必要はない。様子が心配だと思われる子どもには改めて面接の機会を設ける。

個別面接

　事件・事故の直後に限らないが，面接を行う際には，その面接を行うことになった経緯，子どもや保護者の心理状態などを十分考慮したうえで行う。

　どのような経緯で話を聞くことになったのかについては，本人の申し出による場合と教員が心配に思って声をかけた場合がある。

　本人の申し出による場合，話をしっかり聞いてもらった，受け止めてもらったと感じられるように応対することが必須である。何か重大なことが起きたことを聞き手が承知していれば，それなりの心づもりで話を聞くが，そうでない場合，しっかり受け止めきれない可能性がある。話の内容が深刻だった時，聞いているのがつらくなってしまう，あるいは聞いていて気持ちが動揺してしまい，受け止めきれなくなり，話を止めてしまうことがある。また，例えば子どもが「虐待される」という内容の話をした場合，「それは児童相談所が扱う問題」と考えて，話を途中で止めてしまうかもしれない。

　いずれにせよ，話し手が話を受け止めてもらえなかったと感じてしまうことはマイナスである。子どもは「先生に聞いてほしい」「助けてほしい」と思

って話をしたのであろう。まずその気持ちに応えたうえで，さらにどうするかという問題である。

　また，子どもが大変であると訴えたのにも関わらず，日頃見ていた様子などから「大丈夫だろう」と判断した結果，必要な支援につながらないケースがある[59]。子どもはやっとの思いで訴えてきたのかもしれない。表面的に判断せず，慎重に応対しなければならない。

　学校側が心配に思うところがあって声をかけて面接することになった場合，どれくらい語れるか，慎重に見極めながら，あわてずじっくり話を聞いていく必要がある。そのことについて語るこころの準備がどれくらいできているかわからない。「ちょっと心配なので，話を聞かせてほしいのだけれど」と声をかけたうえで，本人の意思を尊重，心理状態を確認しながら話を進めたい。

　深刻な内容が語られたときの聞き手の反応の仕方には注意が必要である。ひどく驚いてしまったり，聞き手の声の調子が明確に低下したりすることで，話し手がハッとしてしまうことがある。何を話しても受け止めてくれるという安心感を話し手がもてることが必要である。

　学校では，何らかの理由があって児童生徒から事情を聞かなければならないことがある。その際，その児童生徒にとっては，その出来事について語ることが負担になることを理解し，「嫌なことを思い出させてしまい悪いのだけれど，……のために話を聞かせてほしい」と，前置きをしたうえで話を始めたい。そのような言葉があるだけで，負担は多少なりとも軽減される。また，話を聞きながら，その様子を見て，話の進展に配慮することが必要である。話を聞き出すことが自分の務めであるとの一方的な思いで，話を聞くことがないようにしたい。

　そのほか，一般的な留意点としては以下の通りである。

①語ることには意味があるが，語らせることが大切なのではない。あわてず，ゆっくり構えて話を聞く。
②支持的に聞く。
③表現されるさまざまな感情を受け止める。否定的な感情，怒りも含めて。ただし，出来事から間もない段階で，こちらから感情を表現するように意図的に促す必要はない。

④感情が平静に戻って，話が終えられるようにする。

⑤必要に応じて，心理教育を行い，その時点で現実に困っていることや心配なことがあれば，丁寧に話を聞く。さまざまな課題への対処方法について一緒に考える。支援者がトラウマにとらわれないことが大切である。

⑥「できればもう一度話を聞きたい」と伝えてみる。理由は，時間の経過とともに状態が変化するからである。状態の変化には改善と悪化の2つが考えられるが，いずれの場合も，その変化を確認することは意味がある。

子どもや保護者から聴取すべき内容

トラウマ体験について子どもや保護者から聞き取ることとして次のような点が指摘されているが[75]，学校において子どもや保護者から直接どこまで聞き取れるかは，ケースバイケースであり，限界がある。トラウマ体験をした子どもの状態を詳細に把握するためには，このような視点が必要になると理解しておきたい。

・子どもがいつ，どのようなトラウマ体験をしたのか。
・身体的外傷の有無と程度。
・トラウマ体験の最中およびその後の子どもの行動や反応。
・PTSD症状の有無。
・子どもがトラウマとなる出来事をどのようにとらえているか。
・周囲の大人の反応（子どもをサポートできているか）。
・そのほかの症状の有無（特にPTSDとの併存率が高い次の症状には注意する）。
　自傷を含む抑うつ症状，パニック症状や不安症状，注意集中困難・多動・衝動性亢進，解離症状，身体化症状，退行，攻撃性や破壊的行動，物質的乱用など。
・今回の体験以前のトラウマ体験や喪失体験の有無。
・その他：通常の診療や支援においても収集する情報。
　生育歴，発達歴，既往歴，家族歴，元来の性格傾向，興味，学校での様子（トラウマ体験前後）。

中長期的対応

　出来事から間もない段階では，心理教育を目的とした保護者会が有意義であるが，少し時間が経過してからは，話し合いに時間をとった保護者会を行うことも可能である。互いに思いを表現し，共有する機会は，回復に貢献する。そして，繰り返し話し合いの場をもつことは，状況の改善や変化を互いに確認する機会になる。どの程度の人数になるか，クラスや学年など対象者の属性によって時間をわけることが必要なこともある。

　クラスを単位として行う場合，参加されない保護者にも配慮が必要である。欠席する理由は人それぞれであるが，純粋に時間の都合がつかない人もいれば，参加したい気持ちはあるが自身の気持ちがまだ落ち着かず参加できないという人もいる。担任はおそらく個々の事情をある程度推測できるであろう。担任から電話を入れるなどしてちょっと声をかけることによって，つながりを確認することも大事である。人とのつながりによって心は支えられるが，逆にそのつながりがもてず心理的に孤立した気分を抱くことは回復にとってマイナスとなる。

　少し時間が経過してからは，トラウマに話題を限定せず，子どもの心理について保護者の勉強会を行うこともよい。「親子のコミュニケーション」「思春期」などの話題を取り上げ，子どもに対してよりよい関わりができるように支援する。同時に，時間が経過しても解消されていないトラウマの影響を見逃さないことが重要である。たとえば，落ち着きのなさや不登校といった問題として，影響が続いていることがある。

　トラウマ体験の影響は長期におよぶものだが，学校は子どもたちを見守りモニターしていくのにふさわしい場所である[78]。だが，教職員が普段から多忙であること，そして年度が替わり，担任が代わり異動があることなど，継続的なモニタリングを難しくする要因もある。中長期的な対応を充実させるためには意識的な努力が必要である。

節　目

　ショックな出来事が起きた日からちょうど1年経ったころ，気持ちが不安定になったり，ストレス反応が生じたりすることがある。これは記念日反応とよばれる。たいてい一時的なものである。さらに出来事から何年も経過して，自分でもふだんそのことを忘れているのに，記念日反応が起こることもある。また，学校では学年が変わるとき，卒業するときなどが節目となり，いろいろと思い出すことがある。また，発達につれて，出来事のとらえ方や理解が変わることで不安定になることもある。

　阪神淡路大震災後，毎年追悼の会を行った学校と行わなかった学校があった。行った学校ではそれを契機に子どもたちが落ち着いていったが，追悼の会に出席することで心身の不調を訴える子どももいた[144]。どのように会を行うのか，また個別に配慮が必要な子どもを把握し，万が一の場合に備えて準備をしておくことが必要である。

　記念日（出来事が起きた日）が近づいたときに不安定になるかもしれないということは，あらかじめ承知しておきたい。また，子どもたちが自分からそのことを表現するとは限らないが，子どもたちが成長していく過程で，ストレスを受け，不安定になることは珍しいことではない。そのとき，支え，見守る人の存在が大切である。

第4章

トラウマ・インフォームド・ケア

トラウマ・インフォームド・ケア

　トラウマ・インフォームド・ケア（Trauma-Informed Care; TIC）とは，病院や施設，学校などにおいて，職員がトラウマについて基本的な知識をもち，トラウマの影響を認識したうえで関わるアプローチを指す[110]。これは，これまで行われてきたさまざまな支援や治療の方法と並立するような特定のケア方法を示すものではない。亀岡[60]は，支援の基盤の部分に通奏低音のように絶えず流れているべきものであるという。

　ある機関が"トラウマ・インフォームド"であるとは，その機関のすべての職員が，その機関に関わるすべての人（職員も含めて）に対する心的外傷性ストレスの影響を認識し，対応することである[105]。学校でいうなら，教職員が，児童生徒，家族，教職員などへのトラウマの影響を的確にとらえ，適切な対応を行うことである。その中には，トラウマとなるような出来事が起きた場合の対応もあれば，過去のトラウマ体験の影響が現在まで続いて生じている問題への対応も含まれ，非常に広範囲にわたるものである。前者についてはこれまでも緊急支援なども含めて，目を向けられることがあったが，後者についてはあまり考慮されてこなかったところである。

　TICの考えが普及した背景には，1990年代半ばに米国で行われた，子ども時代の逆境体験に関する疫学的調査[32]によって，多くの人がトラウマ体験をしていることや，トラウマ体験が長期にわたり心身に影響を及ぼすことが明らかになったことがあげられる。米国では2000年頃，トラウマを理解した援助サービスのあり方が提案され，その実践が報告された。2017年にはTICに関する法律が制定され，国をあげてTICを実践していく段階に入っているといわれる[59]。実際，精神科医療・小児科医療，児童福祉，刑事司法などさまざまな領域でTICが導入され，よい効果を上げているとの報告がある[63]。

わが国で TIC が紹介されるようになったのは 2014 年以降である。わが国でも現在，多様な領域で TIC に関する研修が行われるようになっている。

トラウマのメガネ

　トラウマになるかもしれない出来事を体験する子どもは少なくない。だが，通常，本人が積極的に他者に語る話題ではないため，その多くは他者に知られていない。また，トラウマの問題は精神保健の領域の中で比較的新しいトピックであり，一般の理解は限られたものである。トラウマの影響が生じていたとしても，それを当事者もまわりの人たちも認識できていないことは珍しくない。

　子どもが授業中に落ち着きなく，集中が難しいとき，かつては，"やる気がない"ととらえられることが多かった。だが，発達に課題があり，注意集中に苦手さをもつ子どもがいるということが知られるようになり，「もしかしたら発達？」という視点が生まれた。もちろん，その子どもが発達に課題があるのか，意欲の問題なのかは，慎重に見ていかなければいけないことだが，"やる気がない"のひとことでは済まない話である。いまさらに，「(トラウマ体験があって) 過覚醒の状態で落ち着かないのか？」という見方が加わることになる。子どもをみる視点が増えるのである。学校関係者の中でトラウマについての理解が深まることによって，子ども理解がより適切なものとなり，その結果，その子どもに必要な支援，対応が可能になることが期待される。トラウマに関する知識をもってみることは，トラウマのメガネ（trauma lens）でみると表現される[110]。TIC を実践していくためには，各自がトラウマのメガネを用意することが必要である。

　これまで「指導が難しい」とみなされた子どもの中にはトラウマの影響を受けている子どもが含まれていると考えられる。"問題"に対して厳しく指導したり，あるいは支持的に関わるが，背景にあるトラウマを理解していない対応を続けても状態は改善せず，より強い指導になったり，支援者が無力感を感じたりして，対応がさらに困難になってしまうことがある[59]。結果的に，トラウマの影響は続き，状況は改善しないままとなる。"指導困難ケース"がすべてトラウマ起因とはいえないが，このようなことがこれまで少なからず起きていたと考えられる。

TIC におけるキー概念

TIC において，３つのEと４つのRが重要な概念である[132]。

３つのEとは，その人にどのような出来事があったのか。それをどのように認知しているのか。そしてどのような影響があらわれているのかを把握することである（表 13）。

この３つのEを理解することは，必ずしも容易ではない。交通事故であれば何が起きたかを客観的にとらえることがかなりの程度まで可能だが，家庭内の出来事はわかりにくい。当事者によって語られなければわからないことがある。だが，当事者がその出来事について語ることは決して簡単なことではない。わが国で実施された逆境的小児期体験の調査[41]では，家庭内暴力が10.1%，身体的虐待が 7.5%であった。一つの調査だけで断定はできないが，この数字は一般に想像される値より大きいものではないだろうか。表面にあらわれていない，隠れたトラウマは少なくないと考えられる。

その出来事をどのように体験したかは，その人のとらえ方，感じ方次第で大きく違いが生じるものであり，個人差がある。実際のケガは軽傷であっても，事故が起きた瞬間に，「死ぬ（かも）」と思ったかもしれない。過去につらい体験があると，次に何かあった場合，より強い衝撃を受ける可能性がある。また，出来事から時間が経過することで変化することもある。例えば，幼児期に性的虐待を受けた場合である[110]。当時は「変な感じ」「違和感」などを経験していたかもしれないが，思春期を迎えたときに，全く異なる出来事として改めて体験されることになる。

子どものトラウマ体験後の反応のあらわれ方は多様である。心理面だけでなく，身体に症状が出たり，行動が変化したりすることもある。そして，そのほとんどはトラウマ体験とは全く別の理由でも生じる状態である。また，上述の性的虐待の例のように，子どもの年齢の変化によって影響にも変化が生じる。トラウマの影響を把握することは容易ではない。ある状態をみて，そこにトラウマの影響を見いだす目が必要であるが，その際，本人に関するさまざまな情報が状態を見極めていくうえで役に

表13　３つのE

Event(s)：トラウマとなる出来事
Experience(s)：トラウマ体験
Effect(s)：トラウマによる影響

立つ。例えば家庭環境に難しさがあるという情報があることで，子ども理解がしやすくなる可能性がある。

　虐待は決して新しい問題ではないが，それが子どもたちにどのような影響を与えるのかについてこれまで必ずしも十分な理解があったとはいえない。実際，虐待の影響は複雑でとらえにくいものである。子どものトラウマ体験といっても出来事はさまざまであるが，虐待のように繰り返されるトラウマの結果として生じる複雑性 PTSD が，2018 年に WHO の ICD-11 により新たに公式の診断として採用されたこともあり，注目を集めている。子どもに関する TIC についての論述の中でも [59, 110]，虐待の影響に関わるものが少なくない。

　このように，この3つのEを的確に把握するのは簡単ではない。トラウマについての知識や理解，そして当事者に関する情報が重要である。

　4つのRは表 14 に示された内容であるが，トラウマについて学ぶことが出発点として重要である。トラウマとなりうる体験とその広範囲に及ぶ影響について知っていることは TIC 実践の基礎となる [110]。どのように対応するかを考える前に，しっかりとトラウマについて学習することが必要である。上述のようにトラウマの兆候や症状を的確に把握することは容易ではない。「自分勝手」「わがまま」「乱暴」と思われる言動の奥にトラウマが隠れているかもしれない。これといったきっかけもないように見えるのに，突然，キレて感情的になったとき，「どうしたのか？」「何が起きたのか？」と冷静に状況を振り返り，心の中で起きたことを考えようとする姿勢が必要である [110]。また対応には，問題を予防するための対応も含まれる。それが可能になるためにはトラウマに関する知識，理解が不可欠である。

　4つ目のRとして，再トラウマを防ぐことが記されている。これは，これまで知らず知らずのうちに，再トラウマ体験が起きていたことを示している。

表14　4つのR

Realize：その組織に関わるすべての人が，トラウマの広範囲に及ぶ影響を理解し，回復につながる道筋をわかっている。
Recognize：対象者や関係者のトラウマの兆候や症状を認識する。
Respond：トラウマに関する理解に基づき，適切な方針を立て，ケアを実践する。
Resist re-traumatization：この実践により関係者の再トラウマとなる体験を防ぐ。

表15　再トラウマ化を防ぐために回避したいこと [59]

- ・強制的な対応。
- ・威圧的な態度（腕を組む，挑発的な態度）。
- ・大声，命令口調，暴言。
- ・不親切な態度，無関心な姿勢。
- ・支援の内容や目標を十分説明しない。
- ・支援方針の突然の変更，約束を破る。
- ・相手に誤解を与えるような言葉遣い。
- ・支援機関の掲示物などの言葉（暴力禁止）。

医療，福祉，教育，司法領域のさまざまなサービス機関で行われている行為が，トラウマ体験や逆境体験をした人たちに，再トラウマを与え，回復を妨げてしまっていることがある [59]。支援する側の配慮が不十分であることの結果といえるが，支援者側に悪気はなく，知らず知らずのうちにそうしてしまっているところが，問題である。

　亀岡 [59] は,再トラウマ化を防ぐために注意すべき点をあげている(表15)。これをみると，トラウマ体験をした人でなくても，不愉快に感じたり，不満を覚えたり，戸惑ったりするようなことがほとんどである。そういう点からいえば，特別な配慮ではなく，ある意味で，当たり前のことといえる内容であり，これまでも多くの人に配慮されてきたことかもしれない。だが，それをより徹底して行うことが求められる。支援者の側に自覚がないまま，このようなことが起きることがないように十分に注意したい。

「心のケガ」

　トラウマによる影響は「心のケガ」と表現される。トラウマによるさまざまな影響に苦しんでいる子どもに対して，あなたは「心にケガをしている」と伝え，「あなたが悪いのではなく，心のケガをしていたからうまくいかなかった」というようにパラダイムの転換を図る [59]。トラウマ反応を「外在化」する [9]。そしてそれをケアの対象とする。その意味は大きい。足をケガしたら，うまく歩けなくなるものであり，大きなケガをしたらリハビリをして歩く練習が必要であるという話は，納得しやすいものであろう。トラウマ

体験をした子どもは，その出来事と今の自分の状態がつながっているという認識をもっていないことが少なくない。子どもの体験したトラウマと今の状態（症状）とは関係しているということ，そしてそれは子ども自身の性格やもともと抱えていた問題とは別であることを理解し，自分自身を一歩引いて客観的にとらえることは重要な意味をもつ。

エピソード

　Jさんは，厳しい親に普段から口うるさく怒られてきて，時には叩かれたこともあった。何もやる気がなくなり，授業にも取り組めなくなっていた。Jさんは相談室でさまざまな話をするなかで，自分の家庭状況を改めて振り返り，いろいろ考えた。そして，「あんな親だから，自分はこんなふうになった（やる気がなくなった）」と思った瞬間，Jさんの心の中で何か腑に落ちるものがあった。それをきっかけに気分が変化して，少しずつではあるが学習にも取り組めるようになった。

　「トラウマに配慮が必要だとしても，特別扱いを続けることは難しい」ということもある。その場合，トラウマによる反応を妥当なものと認めることと，トラウマ体験をしたとしても自分の行動に責任をもつことが必要であることのバランスをとることが必要である[61]。この2つを両立させるためには，トラウマ反応についての基本的理解と「心のケガ」という視点が前提となる。

TIC におけるとらえ方

　TIC においては，トラウマの理解に基づき支援を行うのだが，それは支援を受ける人だけでなく支援提供者にとっての安全にもつながる。トラウマ体験をした人が，ちょっとしたきっかけで暴力的な言動をとることがあり，支援者にそれが向くこともある。TIC の実践により，そのような事態を予防できる。

　TIC は脆弱さ（弱み）よりもストレングス（強み）に着目するのが特徴である[110]。TIC では，トラウマによって生じたさまざまな症状や行動を「病理」「問題行動」ととらえるのではなく，危機的状況における正常な「反応」であり，適応のための「対処」ととらえる。これは本人の状態を理解し，共感的に関わる関係作りのために役立つ見方であり，大変重要な意味をもつ。

　トラウマによって生じたさまざまな反応の多くはわかりにくいが，わかりにくいだけでなく，時に支援者の拒否的反応を引き出してしまう。例えば，ある子どもは，毎日つらい気持ちを感じる場面が繰り返されるうちに，感じることをやめ，その場をやり過ごすようになったのかもしれない。またある子どもは，いつ暴力を振るわれるかとおびえる毎日を過ごすうちに，ちょっとしたことにも過敏に反応するようになり，やられる前にやり返そうと，すぐにキレるようになったのかもしれない。そういう子どもたちを結果の部分だけでみると，対応の難しい「困った人」になりがちである。しかし，その背景を理解できれば，「困っている人」として，本来的に必要な関わり，支援が明らかになり，状況を改善することが期待される[120]。背景を理解できれば……というのは，トラウマに限ったことではないが，トラウマのメガネでみることが，子ども理解のための有効な視点になるのである。

トラウマの三角形

　トラウマ体験の結果として症状（反応）が生じる。また，日常生活の中でその出来事を思い出させるきっかけとなること（リマインダー）があり，それに対して反応することがある。そのリマインダーは，出来事につながる特性をもつものである。この三者が互いに関連していることを支援者と本人が理解することが重要である[59]（図7）。
　例えば，家庭で両親がしばしば大きな声で怒鳴り合い，喧嘩をしているとする。その結果，子どもはまた喧嘩が起きるのではないかと，常に落ち着かず，不安な気持ちを抱くようになる。そして，学校で誰かの怒鳴り声が聞こえると，自分と関わりのない状況であっても，それがきっかけとなりひどく

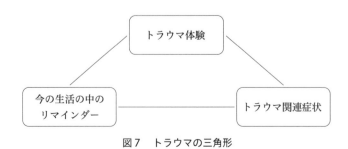

図7　トラウマの三角形

動揺してしまう。

　リマインダーになりやすいこととして，次のようなものがあげられる[151]。

　・騒々しい環境。
　・身体的接触。
　・見通しの立たなさ。
　・規則の変更。
　・喧嘩のような仲間内での暴力の目撃。
　・緊急車両・警察もしくは消防署員。
　・他人の前で大声で声をかけられること。
　・他人から嫌がらせや強迫を受けること。
　・困惑したり恥ずかしいと思ったりすること。

　このような状況に直面したときに，子どもが急に理解しがたい行動をとったとしたら，リマインダーに反応していた可能性がある。

　もともとの出来事によって生じる反応（状態）と，リマインダーによって生じる反応（状態）は区別される。両親の怒鳴り声がもとになって，誰かの怒鳴り声がリマインダーになるのだが，それは自分とは関わりのない声であり，自分に危険はなく，本来反応する必要のないものであるのに，反応してしまう。そしてその際，どうして自分がその声に反応したのかを自覚しているかどうかはわからない。無自覚のうちに，リマインダーに反応していることも珍しくない。本人は，"突然"あるいは"たまたま"そうなったと感じていることが多い[110]。

　つらい状況が繰り返されるとき，そのつらさを常に自覚することは苦しいことであり，自分を守るために，感じないことにして，その状況を生きるという選択を無意識のうちにすることがある。その結果，自分の感情の動きに関して鈍感になる。それゆえに，意識ではリマインダーをリマインダーと自覚していない。だが，無意識的に反応してしまう。

　リマインダーをリマインダーとして把握することによって，それに対処することが可能になる。そのためには，まず自分自身の感情を意識することがスタートかもしれない。とはいえ，そもそもつらくて苦しいために感じないことにしていたのであり，そこに目を向けるようにいわれても，容易なことではない。またこれまで長い間感じないようにしてきた結果として，自分の感情がはっきりとつかめないかもしれない。時間をかけた対応が必要になる。

トラウマ・インフォームド・スクール

米国において TIC の考えは教育領域でも導入が進んでいる[99]。TIC の考えを取り入れた学校は，Trauma-Informed School, Trauma-Sensitive School と呼ばれている。またそのほか，Compassionate School, Safe and Supportive School, CLEAR Initiative（Collaborative Learning for Educational Achievement and Resilience），HEARTS（Healthy Environments and Response to Trauma in Schools）と呼ぶところもある[30]。そもそも TIC という言葉は，特定の支援方法を指すものではなく，パッケージ化されたプログラムを学校に適用するものではない[103]。TIC を導入した学校の実際のあり方は個々で違いがあり，同一ではない。トラウマという用語や概念を明確に打ち出さずに，各学校のニーズに合わせて柔軟に取り入れられている[101]。TIC を導入していることを保護者や子どもたちが認識していないこともある[102]。

TIC を取り入れた学校に共通する特徴として2点が挙げられる[30]。すべての子どもたちが安全で，歓迎され，サポートされていると感じられることと，学習に対するトラウマの影響にしっかりと取り組むことである。学校は教育機関であり，トラウマが及ぼすさまざまな影響に対処しながら，すべての子どもたちが安心して学習し，生活できる環境づくりをしていくことが最も中心的なテーマとなる。トラウマのケアが最終目標ではない。これは TIC 導入を考える際にしっかりと理解しておきたいポイントである。

教育分野に TIC の導入が進められた背景には，疫学的研究によって，逆境体験をしている人が少なくないことがわかったことのほかに，次の3点がある[99]。第1は，ゼロトレランス政策[注15]の問題点が浮き彫りになったことである。子どもの置かれた状況を考慮することなく，逸脱行動に対して厳しい罰則を与えることは，結果的に，ドロップアウトする子どもを増やしてしまう。第2は，幼少期のトラウマは認知機能全体の発達，脳に影響を与えるこ

注15）1990年代に米国で本格的に導入された，細部まで罰則を定め，厳しく処分を行う方式。当初は麻薬や銃犯罪を防ぐ目的であったが，より軽微な問題にも適用されるようになった。

とがわかってきたことである。それらの結果として，学業，社会性などさまざまな問題が生じやすくなる。第3は，トラウマや神経科学研究の知見により，子どもの問題行動をどのように理解したらよいか，どのように関わったらよいかが明らかになってきたことである。トラウマがある生徒の激しい行動は，脳が過覚醒状態になっているのであり，それを抑制するような活動を取り入れることがよい。アタッチメントの形成は社会性の発達を促すことが示されている。

　TIC が普及するためには，教職員がみなトラウマについて理解していることが前提となるため，本来全教職員を対象にした研修が必要である。中村[102]によれば，米国ウィスコンシン州の TIC の専門育成 e-learning は，30～60分のモジュールが17用意され，さらにさまざまな書籍や資料を読むことが推奨されている。また，マサチューセッツ州で大学院の授業の一環として開講されている専門育成コースは，4つのコースから構成され，各コース約40時間である。受講料について支援があり，代替教員が補充されるシステムが用意されているとはいえ，負担は大きい。

　わが国において教職員は多忙であり，すべての職員に対して研修のために多くの時間を確保するのは難しい。まずは，学校内におけるキーパーソンというべき教職員が TIC について学び，実践に取り組むことが実際的である。キーパーソンとして，管理職，養護教諭，生徒指導・教育相談担当教諭などが挙げられるだろう。そして，その実践を進めるうえでスクールカウンセラーに期待される役割は大きく，そのための準備は必須となろう[99]。

　現在，わが国でも，学校における TIC の実践を進めるための資料や e-learning プログラムの開発が行われている。今後，さまざまな研修会や学習の機会が設定されていくことが期待される。

トラウマケアの3層構造

　TIC は職員がトラウマに関する基本的な知識を持ち対応するものだが，3層構造でとらえられる[110]（図8）。第1層はすべての人が対象となる，一般的なトラウマ理解と基本的な対応（Trauma Informed Care）である。ここではトラウマとその影響についての一般的理解をもって関わる。そして，第2層はリスクを抱える人が対象となる，トラウマに対応したケア（Trauma

図8　トラウマケアの3層構造

Responsive Care）である。ここでは被害の影響を最小限に抑え，成長と発達を最大化するための支援を行う。第3層はトラウマの影響を強く受けている人が対象となる，トラウマに特化したケア（Trauma Specific Care）である。トラウマに特化した治療的対応を行う。

　トラウマケアの3層構造を学校に適用したものが図9である[105]。第1層では，肯定的な学校風土の促進，緊急事態への対処，いじめ防止，健康全般に対する支援と教育などを行う。ここではトラウマの問題も扱われるが，さまざまな観点から安全安心な学校環境を作ることが目標とされる。第2層では，リスクのある子どもや教職員，トラウマや喪失にさらされている子どもや教職員を特定し，さまざまなニーズを満たすように支援する。そして，第3層では，集中的な支援を必要とする子どもや家族に対する支援を提供する。

　ベースとなるのはすべての子どもたちが安心，安全に生活し学習に取り組める学校作りである。日頃からトラウマに配慮した運営を行い，何か起きたときには速やかに介入し，特別な支援が必要な子どもたちにはそれを提供していく。

　なお，これら3層の支援をすべて学校内で，学校スタッフが行うということではない。第3層には集中的な治療，トラウマに特化した治療が挙げられているが，これは学校外の専門機関や医療機関で行われるものである。関係諸機関と連携しながら進めていくのであり，地域としての取り組みが必要である。だが現在わが国では，トラウマに特化した治療を実施できる施設は限られており，その充実は今後の重要課題である。そのような状況の中では，学校において可能な介入，レジリエンスを促進する，"治療的"意味合いをもつ介入をいかに行うかが課題といえる。

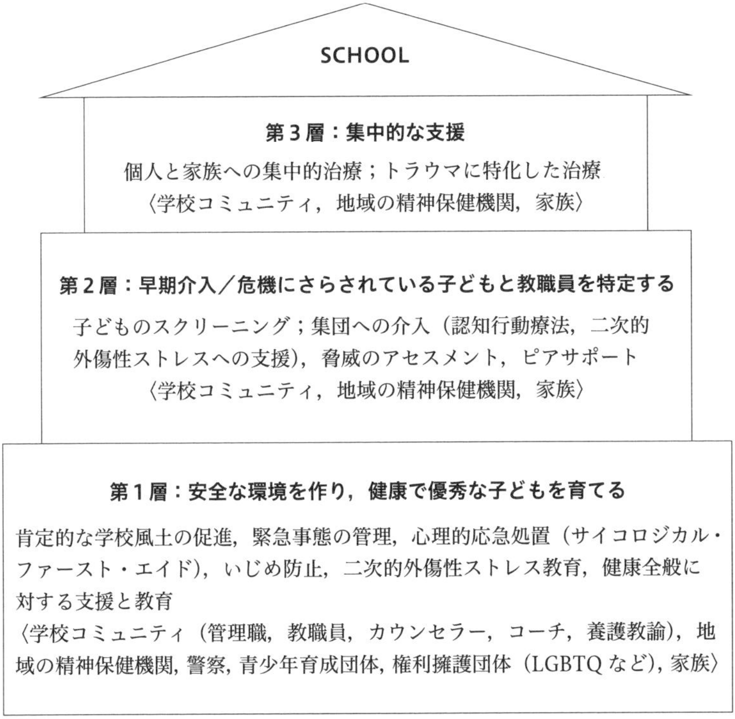

```
                    SCHOOL
```

第 3 層：集中的な支援

個人と家族への集中的治療；トラウマに特化した治療
〈学校コミュニティ，地域の精神保健機関，家族〉

第 2 層：早期介入／危機にさらされている子どもと教職員を特定する

子どものスクリーニング；集団への介入（認知行動療法，二次的
外傷性ストレスへの支援），脅威のアセスメント，ピアサポート
〈学校コミュニティ，地域の精神保健機関，家族〉

第 1 層：安全な環境を作り，健康で優秀な子どもを育てる

肯定的な学校風土の促進，緊急事態の管理，心理的応急処置（サイコロジカル・
ファースト・エイド），いじめ防止，二次的外傷性ストレス教育，健康全般に
対する支援と教育
〈学校コミュニティ（管理職，教職員，カウンセラー，コーチ，養護教諭），地
域の精神保健機関，警察，青少年育成団体，権利擁護団体（LGBTQ など），家族〉

図 9　トラウマ・インフォームド・スクールの多層支援システム [105]

エピソード

　K さんの家族が急病死した。SC は担任に，K さんに生じるかもしれないストレス反応と K さんへの対応について心理教育を行った。併せて，クラスの子どもたちに話をすることを提案した。内容は次のようなものである。

　K さんの家族が亡くなられました。K さんはショックを受け，とても悲しく，淋しい気持ちだと思います。そんな K さんを元気づけたいと思う人もいるかもしれません。でも，「元気出して」「しっかり頑張って」と言われても，K さんはちょっと困った気持ちになるのではないでしょうか。元気づけたい，励ましたいと思う気持ちはとても大切ですが，そのまま言葉で伝えることはしなくていいです。心の中で思っていてください。そして，優しい気持ちをもちながら，いつもと同じように自然に接してください。そうしたら K さんもきっと学校生活がしやすくなると思います。

すべての子どもたちを対象とした取り組み

　すべての子どもたちを対象とする第1層での取り組みの中身は非常に多様である。何かあった時の緊急対応もあれば，予防開発的な支援も含まれている。

　米国で学校の視察も行っている中村[103]は，すべての子どもたちを対象とする第1層での取り組みについて架空のエピソードを示しながら解説している。そこでは，社会性と感情の学習(Social and Emotional Learning; SEL)，ポジティブ行動支援（Positive Behavior Support; PBS），ABC分析などの概念が紹介されている。

　トラウマを抱えた子どもは感情のコントロールや対人関係に難しさを抱えていることが多い。そこで，SELがしばしば活用される。SELは，社会性と感情の学習と呼ばれるが，それは枠組みを示す言葉であって，実際の学習プログラムは沢山あり，SELはその総称といえる[77]。そこで育てる中心的な能力として5つ，「自己への気づき」「他者への気づき」「対人関係」「責任ある意思決定」「自己のコントロール」が挙げられる。具体的なプログラムとしては，ソーシャルスキル・トレーニング（Social Skills Training; SST），構成的グループエンカウンター，アサーション，ストレスマネジメント，アンガーマネジメント，ピアサポート等々，これまでわが国で実践されてきたものが多数含まれる。これらの多くは，従来学校における教育相談活動の中に位置づけられてきたものである[94]。

　SELに関して次のようなエピソードをあげている（内容は要約してある。以下同様）。

　　暴力的な父親をもつ児童がクラスで乱暴な言動をとり，まわりの子どもも関わりを恐れるようになった。SCが本人のカウンセリングを行い，担任はクラスで感情の扱いをテーマに取り上げ，児童たちに考えさせ，また感情調整のスキルを教えた。次第に子どもたちの関係性はよくなり，本人も感情を爆発させることが減った。

　PBSでは，支援する子どもの望ましい行動に焦点を当てる。望ましい行動

に着目した結果，さらに望ましい行動が増えるという良循環を期待する。望ましくない行動に注目しすぎると，叱る，ペナルティを与えるなど罰的な対応で行動の修正を図ろうとすることになるが，悪循環に陥りやすい。

　PBS についてのエピソードは次のようなものである。

　　いじめを受け対人不信となって担任とも話をしようとしない生徒が，アニメのキーホルダーをもっていることに気づいた養護教諭が，アニメのことに話題を振ったところ，イラストを描くことやストーリーを考えることが好きであるとわかった。養護教諭は関心をもって，「すごいね」と強みに焦点を当てる会話をした。生徒は養護教諭にいろいろ話すようになった。

　ABC 分析では，行動が起きる前の先行刺激（Antecedent），実際の行動（Behavior），行動した結果（Consequence）の 3 つの関係性で理解する。
　ABC 分析では次のようなエピソードがあげられている。

　　生徒はしばしば気分が悪くなり保健室にいった。養護教諭が理由を尋ねるが，本人にもわからなかった。どのような状況で気分が悪くなるかを詳しく聞くと，担任（男性）が大きな声で叱っているときであった。離婚した父親は担任と身長が似ており，大きな声を聞くと，小さい頃の厳しいしつけを思い出すとのことだった。養護教諭は生徒の了解を得て，担任と情報共有し，注意の仕方について配慮してもらうことになった。

　これら 3 つのエピソードを読まれてどう思われたであろうか。学校教員にとって，SEL，PBS，ABC 分析という言葉はおそらくあまり馴染みのないものだが，ここで行われている児童生徒への関わりは，決して特別なものではなく，実際に現場でみられるものではないだろうか[100]。つまり，TIC という言葉を持ち出すまでもなく，学校における教育相談的支援としてこれまでにも行われているものである。このことは重要である。TIC を学校に導入することイコール全く新しい支援方法を行うという意味ではない。これまでに行ってきた校内での支援の延長線上で，個々のメンバーがすぐに行うことのできる支援もある。

トラウマ・インフォームド・スクールに向けて

　学校におけるトラウマ・インフォームド・ケアの実践報告がある。浅井ら[6]は，ある中学校で，生徒指導困難ケースについてのコンサルテーションと TIC に関する講義と事例検討のワークショップを行った。TIC の視点をもつことで適切な生徒指導が可能になること，教職員のストレスが軽減されることが示唆された。大岡ら[115]は，ある市の教員 60 名を対象に性被害・性加害の研修を行った。TIC の視点をもつことで，被害・加害を超えて，それぞれの子どもと向き合える（ケアできる）ようになることが示唆された。ある教員は研修後の感想に，「加害生徒にもケアをしていいことがわかった」と記していた。

　この視点の変化は大きな意味をもつ。従来，加害生徒に関しては，加害行為に目が向けられ，厳しい指導がなされてきた。加害者となったその生徒はかつて被害者であったかもしれない。TIC においては，加害行為に及んだ背景を理解し，そこに至るプロセスを明らかにして，介入に反映させる[110]。かつて被害者であったことによって加害責任を問われなくなるわけではないが，加害生徒には厳しい指導という発想から離れてみることで，有効な再発防止策が可能になってくる。加害生徒本人にとっては，それまで"悪い子"として叱られ，悪い子だから"問題行動"がやめられないと思っていたが，「心のケガ」のためであると，全く違う視点を伝えられることが一つのきっかけとなるかもしれない。

　子どもたちを対象とした実践報告がある[108]。これは，逆境体験をした子どもが数多く在籍し，通常とは異なる「荒れ」をみせていた学校での授業実践をまとめたものである。ここでは，「『生きる』教育」として，「自分」「赤ちゃん」「生い立ち」「大人」「パートナーとの関係」「親子関係」など，心の傷に直結しやすいテーマを取り上げ，自分の心と体を大切にしつつ，人とつながる力を培うことを目指している。トラウマ体験をした子ども，これからするかもしれない子どもが，安心・安全に生活していけるようになるための取り組みである。もともと TIC として始められたものではないが，内容はまさに TIC に重なるものであり，学校における TIC を考える際に参考になる内容である。

　TIC を実践できるようになるためには，トラウマについて，その反応や回復のプロセスについて学ぶことが不可欠であるが，学校で TIC を実践し広めていくための研修として，浅井ら [6] のように対応の難しいケースを取り上げ，コンサルテーションや事例検討を行うとともに講義をすることは有効な方法になるであろう。現場の教職員は，どのように対応すればよいのかを知りたいという意識を強く持っている。教職員の問題意識を出発点とするのは効果的なやり方である。その際，トラウマという言葉にネガティブな反応を示す教職員もいるため，専門用語をどのように伝えるかには注意が必要かもしれない [101]。すでにみたように TIC は，トラウマに特化した支援のみを指すものではない。トラウマという言葉にとらわれないことが肝要であろう。

　現状では教職員研修として TIC を学ぶ機会はあまりない。そこで文献から学ぶことも必要である。具体例を挙げながら解説しているものからは多くのことを学ぶことができる。

　藤森 [40] は，性的虐待を受けた中学生の事例（架空）をあげながら，学校での対応について述べている。学校でのさまざまな問題行動に対して，教職員が戸惑い，疑問を感じ，対応に苦慮する中，ケース会議を行って，丁寧に助言をし，チームとして取り組んでいけるように支援するプロセスが示されている。

　野坂 [110] は，トラウマ・インフォームド・ケアの考え方から実践まで，多くのエピソードを交えながら解説をしている。福祉領域や矯正領域での話題もあるが，事例は児童思春期のものが多く，具体的な子どもの様子についての記述は，トラウマ反応を理解する目を養ううえで参考になる。

　亀岡 [59] は，虐待に焦点をあて，児童精神科医としての実践をもとに，トラウマケアに必要な視点や対処法を示している。虐待を受けた子どもについてだけでなく，その保護者についても具体的に詳しく解説を行っている。保護者自身が子どもの頃に受けた虐待の影響が現在も続いていて，トラウマ症状を抱えているケースもある。そのような保護者に関わるうえでも，トラウマの理解は不可欠である。虐待ケースに深く治療的に関わる機関は，学校以外のところになるが，学校は虐待をしばしば "発見する" ところであり，教職員は子どもや保護者と継続的に関わりをもつことになる。学校が果たす役割は大きい。

おわりに

TIC はさまざまな場所で導入されつつあるが，どこで行われるかによって，その内容には違いがある。学校には学校の TIC がある。学校は不特定多数の子どもたちが通うところである。一人ひとりさまざまな個性，特性をもち，これまでの経験も違う子どもたちの集団である。そのような子どもたちがみな安心して生活し，学習に取り組めることは，ある意味理想的な姿といえよう。その理想に近付くために TIC の視点は不可欠と考えられる。なぜなら，多くの子どもたちが，その内容は多様であるが，トラウマとなるかもしれない出来事を過去に経験したか，あるいはこれから経験することによって何らかの影響を受ける可能性があるからである。TIC は，問題を予防し成長発達を促すという意味ももつものである

トラウマ・インフォームド・スクールで，すべての子どもたちを対象とする第1層における活動として，社会性と感情の学習が挙げられている。その一つであるアンガーマネジメントは，ある自治体では全公立中学校で1年生の授業の中に取り入れられているが，現在のところ，そのように積極的にカリキュラムに取り入れているところは少数である。その活動が全く新しいものではないとしても，これまでどれくらい行われているかは地域や学校によって差がある。

実際に行う活動がこれまでと大きな違いはないとしても，ある状況下で適切な対応ができるために，トラウマについて学び，理解しておくことが不可欠である。逆にいえば，トラウマについて知っていれば，すぐにできることで有意義なことがいろいろあると考えられる。

TIC を導入することが有益であるという認識は広がっている[23]。いま，考えるべきは TIC を導入するか否かではなく，実際どのように行っていけばよいかであろう。学校レベルでの導入に関しては，学校のニーズや問題意識を出発点として，実践をスタートするのがよい。理想に至る道筋は一つではない。大事なことは，理想に近付くために，短期，中長期などさまざまなレベルで適切な目標を設定し，その目標を一つひとつクリアしていくことである。一方，個人レベルでは，トラウマについて学び始めることが，TIC 実践のスタートになると考える。たとえ小さなことであっても，それが子どもたちの

ためになり，問題の予防や状況の改善に役立つことが実感でき，その経験が
蓄積されていくことが重要である。身近なところから始めたい。

第5章

Q & A：しばしば聞かれる質問

Q：その出来事を思い出させるようなことを子どもが嫌がる。いつまでも避けてはいられないと思うのだが？

A：出来事から間もない時期は刺激を控えるのがよい。事件・事故に関する報道の見聞についても控えめにするのがよい。気持ちを混乱させ不安を大きくする可能性がある。少しずつ慣れていけるとよい。

　　出来事そのものと，それを思い出させるものは違う。思い出すと嫌な気持ちになるかもしれないが，出来事が起きているわけではない，今は危険ではないということがわかるようになるとよい。

Q：後から反応が出るかもしれないというが，そのときはどうしたらよいか？

A：実際に遅れて反応が出る場合もあれば，子どもがそのことを言うのが遅れる場合もある。いずれの場合も，慌てずにまずは子どもが安心感をもてるようにする。そして，どのような状態であるか，どんなことを感じているかを受容的に聞く。話したいことがあれば話してよいということを確認する。回復はプロセスであるから，その後も十分な配慮をしたい。基本的な対応の仕方は特に変わらない。

Q：何度も同じ話を繰り返しているが，そのまま聞いていればよいのか？

A：何度も同じ話を聞くのは聞く側もしんどいが，子どもは繰り返し話しながら，その出来事を心におさめようとしているのであり，それを中断する必要はない。そして，繰り返し話ができる（聞いてもらえる）ことは，子どもにとって気持ちの安定につながると考えられる。話す必要がなくなれば話さなくなるものである。そう思って聞くのがよい。

Q：ひとりで寝るのは怖いというので，そばについているが，甘やかすことにならないか？

A：ふだんないようなことが起こり，子どもは「怖い」と感じているのである。いつもとは異なる事態であり，その気持ちを受け止め，その気持ちに応えることが必要である。甘やかすこととは違う。また，子どもが気持ちを表現したことはよいことであり，そのことは子どもに伝えたい。

Q：頭痛，腹痛など身体の不調を訴える。

A：受診した結果，身体的に問題がないのであれば，びっくりするようなことがあったから体の調子が悪くなっても自然なことだと伝える。そのうえで，さらりと対応するのがよい。心配しすぎるとかえって悪化することがある。

Q：しばらく続いていた反応もおさまった。もう大丈夫か？

A：目に見える反応がなくなっても，心の中では，回復のプロセスはまだ続いていると考えられる。改善していることは確かだとしても100％大丈夫ということではない。今後も一時的に不安定になることがあるかもしれない。また今後何かショックを受けるようなことが起きたときに，強く影響を受ける可能性があることに注意が必要である。

Q：子どもが亡くなった。その子どもの机はどこに置くべきか。

A：机をどこに置いておくのが良いかについて模範解答はない。クラスの子どもたちにどこが良いと思うかを聞いてみるのも一案である。机に関して一つ気を付けたいのは，ものを置く場所にならないようにすることである。

Q：葬儀に参列させたいのだが，子どもは行きたくないという。どうしたらよいか？

A：葬儀は故人とのお別れをする機会であり，参列することは喪の作業になる。だが，場合によっては，あまりにつらくて参列できないと感じることがある。そのときには，子どもと話し合い，子どもの気持ちを受け止めたうえでどうするかを決めるのがよい。別の形でお別れをすることもできる。もし参列しなかった場合，そのことで罪悪感を抱かないように，本人やまわりの人たちへの配慮が必要であろう。参列できないということが十分な支援を必要とする状態であることはあらためていうまでもない。

　追悼式典などの際にも，具合の悪くなる子どもがいるかもしれない。その場合にどのように対応するかを事前に準備しておきたい。

Q：身近な人が亡くなったのに，特に悲しんでいる様子もない（ふだんよりハイになっている）。少し言ってやった方がいいか？

A：平然としている，あるいはハイになっていることが反応のあらわれと考えられる。それによって心のバランスをとったり，何とかやっていたりするのである。いい換えれば，悲しみを悲しみとして受け止めるだけの余裕がないともいえ，むしろ注意が必要である。指導の対象ではなく，支援の対象である。

Q：虐待が疑われる家庭の保護者にはどのように関わっていけばよいか。子どもを叩くことを悪いと思っておらず，話にならない。

A："問題"を共有することが必要である。"問題"を押し付けてもうまくいかない。保護者がいま子どものことで何を心配に思っているかを尋ね，その回答について話題にするところからスタートするのがよい。子どものことを話し合う関係づくりの第一歩である。その話を深めていくなかで，問題を共有できたらよい。

　虐待をはじめ，支援機関が介入するようなケースでは，保護者自身が子ども時代に逆境的環境で暮らしていた人が少なくない[58]。そのような体験の結果として，感情のコントロールが難しく，子どもの言動に対して過剰反応し，叱責や体罰を加えることもある。自己肯定感が低く，他者への信頼感も弱く，上手に助けを求められない人もいる。そのような保護者と信頼関係を築くことが，結果的に子どもへの支援を充実させることにつながる。

　保護者が子どもに対して不適切な言動をとった場面について話題にできるようであれば，そこに至るまでの状況を詳しく聞き，その時の保護者の心理を共感的に理解する。そして，その言動の結果をあらためて確認することによって，状況の改善に向けて協力しながらやっていく関係を築くことが容易になるであろう[62]。

資　　料

本章では，参考資料として下記を掲載した。

①教職員向け心理教育資料
　第3章　学校におけるこころのケア；支援の開始：教職員への助言，サ
ポート（63頁参照）で述べた心理教育資料の例である。出来事の直後に教
職員に配布し，子どもたちへの対応について共通理解しておくためのもの
である。ページの都合で文字が小さくなっているが，A4で2頁に相当す
る。何か起きた際，すぐに配布できるようにあらかじめ配布資料の準備を
しておきたい。なお，下記（118頁）のサイトでPDFファイルがダウン
ロード可能である。

②ストレスチェックリスト項目
　トラウマとなるかもしれないような出来事のあと，子どもたちの心身の
状態をチェックするための項目である。冨永ら[146]によって作成されたもの
で，項目数も多すぎることなく実施が容易であること，また，心理面に
限定せず，ストレス反応を調べる内容となっており，参考になる。

③略語一覧

④トラウマ関連情報を公開しているサイト
　子どもの問題に限らないが，トラウマに関連した情報を公開しているサ
イトを示した。

教職員向け心理教育資料

（次頁見開き）

教職員向け資料

子どもたちのこころのケアのために

1. はじめに

　突発的でショックを与えるような出来事が身近で起こると、強いストレスとなって心身が反応します。ふだんの私たちの生活にはないはずの出来事が起きたために、心身が反応するのは自然なことといえます。「おかしくなった」のとは違います。子どもたちには、よくみられる反応の例を示しながら、それは自然なことであると伝えることによって気持ちの動揺が抑えられます。

　実際の反応のあらわれ方は多様であり、個人差があります。多くは一時的なもので、自然におさまってきます。直後に強い反応を示していても、その後おさまっていくケースは少なくありません。経過観察が大切です。

2. 子どもたちの反応

　心理、身体、考え方、行動など様々な側面に反応があらわれますが、ほとんどの反応は、他の理由でも（＝ストレスがかかるような状況で）生じる状態です。

　　　　不安や恐怖を訴えること、神経過敏になること、イライラや落ち着きのなさ、
　　　　衝動的行動、集中力の低下、意欲の低下、人との関わりを避けること、
　　　　いままで楽しめていたことが楽しめなくなること、
　　　　身体の不調（頭痛、腹痛、ほか）、睡眠や食欲の変化、出来事を夢で見ること、
　　　　繰り返し語ること、遊びの中での出来事の再現、退行（赤ちゃん返り）、
　　　　「自分が〜していれば（しなければ）‥」と自分を責める気持ちをもつこと、等。

3. 配慮を要する子ども

　次のような子どもは特に配慮が必要です。

　　　　出来事と関係が深い、現場を目撃した、家庭のサポートが少ない、
　　　　普段から色々ストレスを抱えている、過去につらい体験がある、友達が少ない。

　また、普段よりもハイテンションになっていたり、あまりにも平然としていたりする子どもも強いショックを受けている可能性が高いです。指導の対象ではなく支援の対象です。

4. 留意点

①安全と安心感

　ショックから回復するためにまず必要なのは安心感です。それは人とのつながりを通して得られます。安全を確保した上で安心感のもてる環境づくりが大切です。

②できるだけ普段通り

　日常生活は可能な範囲で普段通りにするのがよいです。また生活全般の中でストレスとなることは少なくなるようにします。日常生活を送る中で回復は進みます。日常生活を送るうえでの様々なサポートは回復にとって重要な意味をもちます。

③話すこと

　話すことで気持ちは楽になりますが、うまく言葉にならないことがあります。特に出来事から間もないときはそうです。自分が話したいと思う人に、話したいことを話すのはよいことですが、色々質問して語らせようとするのはよくありません。また、そのことについて語ることをタブーにしてしまうことは不適切です。

　何らかの理由があって、状況を聞き出さなければならないときは、まず「嫌なことを思い出させて申し訳ないが、…のために少し話を聞きたい」と伝えることが配慮として大切です。

④控えるべき言葉

　強いショックを受けた人に言うべき言葉に正解はありません。一方、以下のような言葉は当事者の心に負担となりますので控えましょう。

　　　「しっかりしなさい」「頑張りなさい」「いつまでも気にしていないで」
　　　「なかったことだと思ってやり直しましょう」
　　　「これを乗り越えていかないといけません」
　　　「時間はかかりますが、乗り越えられます」
　　　「‥だと、～さん（故人）が悲しみます」
　　　「～さん（故人）の分まであなたが頑張らないといけません」
　　　「これからきっといいことがあります」「元の通りに戻りますから」
　　　「もっとひどいことが起こったかもしれないから、まだよかったです」
　　　「気持ちはわかります」

⑤否定的な考え

　当事者あるいは身近な人は年齢を問わず、「自分のせいで悪いことが起きてしまった」「自分がいけない」と自分を責めたり、「自分はダメだ」とひどく否定的にとらえてしまったりすることがあります。「この世界は危険だ」「私は無力だ（どうにもならない）」と思うこともあります。

　このような否定的なとらえ方の結果、ストレス反応が強くなってしまうことがあります。間違った思い込みは修正が必要です（ただし、ていねいに扱ってください）。

⑥セルフケア

　健康に留意した生活を送ってください。気分転換をしたり、リラックスしたりする時間を大切にしましょう。これは子どもも大人も同様です。自分なりのやり方で結構です。ほっとできる時間を意識的に作ってください。

　オンとオフの切り替えをしっかりしてください。公私両面におけるさまざまな人との関わりはとても重要です。負担をひとりで抱え込まないようにしましょう。

ストレスチェックリスト項目 [146)]

□眠れない（寝つきが悪い・夜中に目が覚める）

□いやな夢やこわい夢をみる

□気分がしずむ

□小さな音でもびくっとする

□人と話す気にならない

□いらいらしやすい

□気持ちが動揺しやすい（落ち着かない）

□いやなことを思い出させる場所，人，ものごとをさける

□身体が緊張しやすい

□自分を責める（自分のせいで悪いことが起こったと思う）

□思い出したくないのに，いやなことを思い出す

□食欲がない

□ものごと（勉強など）に集中できない

□頭やお腹が痛い

□何か不安だ

略語一覧

ACE; Adverse Childhood Experiences 逆境的小児期体験

APA; American Psychological Association 米国心理学会。米国精神医学会は American Psychiatric Association

ASD; Acute Stress Disorder 急性ストレス障害。発達では Autism Spectrum Disorder（自閉スペクトラム症）

CBT; Cognitive Behavioral Therapy 認知行動療法

CBT-T; Cognitive Behavioral Therapy with a trauma focus トラウマ焦点化認知行動療法。トラウマ処理を含む CBT を指すもので，意味は広い。

CPTSD; Complex Posttraumatic Stress Disorder 複雑性 PTSD

DSM; Diagnostic and Statistical Manual of Mental Disorders 米国精神医学会による精神疾患の診断基準

EMDR; Eye Movement Desensitization and Reprocessing 眼球運動による脱感作と再処理法

ICD; International Statistical Classification of Diseases and Related Health Problems WHO による疾病，傷害及び死因の統計分類

ISTSS; International Society for Traumatic Stress Studies 国際トラウマティックストレス学会

NCPTSD; National Center for Posttraumatic Stress Disorder 米国国立PTSDセンター

NCTSN; National Child Traumatic Stress Network 米国国立子どもトラウマティックストレスネットワーク

NET; Narrative Exposure Therapy ナラティヴ・エクスポージャー・セラピー

PCT; Present Centered Therapy 現在中心療法

PD; Psychological Debriefing 心理的デブリーフィング

PE; Prolonged Exposure Therapy 持続エクスポージャー療法

PFA; Psychological First Aid サイコロジカル・ファースト・エイド：心理的応急処置

PTG; Posttraumatic Growth 心的外傷後成長

PTSD; Posttraumatic Stress Disorder 心的外傷後ストレス障害

SAMHSA; Substance Abuse and Mental Health Services Administration 米国薬物乱用精神保健管理局

SC; school counselor スクールカウンセラー

SPR; Skills for Psychological Recovery サイコロジカル・リカバリー・スキル

SST; Social Skills Training ソーシャルスキルト・レーニング

STAIR-NT; Skills Training in Affective and Interpersonal Regulation Narrative Therapy 感情と対人関係調整のスキルトレーニング・ナラティヴセラピー

TF-CBT; Trauma-Focused Cognitive Behavioral Therapy トラウマ焦点化認知行動療法。子どもを対象としトラウマに焦点化した認知行動療法として，Cohen et al. によって開発されたもの。

TIC; Trauma Informed Care トラウマ・インフォームド・ケア

トラウマ関連情報を公開しているサイト

日本トラウマティック・ストレス学会　PTSD トピックス
　https://www.jstss.org/ptsd/
兵庫県こころのケアセンター　支援者向け資料
　https://www.j-hits.org/document/
武蔵野大学心理臨床センター
　https://www.musashino-u.ac.jp/rinsho/
大阪教育大学学校安全推進センター

http://ncssp.osaka-kyoiku.ac.jp/
久留米大学神経精神医学講座
　https://neuropsy-kurume.jp/
国立精神・神経医療研究センター　精神保健研究所　ストレス・災害時こころの
　情報支援センター
　https://www.ncnp.go.jp/saigai-kokoro/index.html
国立成育医療研究センター　子どもの心の診療ネットワーク事業
　https://kokoro.ncchd.go.jp/medical/index.html

あとがき

　筆者がトラウマの問題に大きな関心をもつようになったきっかけは，スクールカウンセラーとして勤務する中で遭遇したある出来事であった。筆者の勤務校に在籍する子どもが不慮の出来事で亡くなった。その出来事は関係者に強い衝撃を与えた。私はスクールカウンセラーとして対応にあたることになった。

　当時，日本語で書かれたトラウマに関する書籍，資料は限られたものしかなかった。とりわけ，学校において具体的にどのような対応を行うべきかを示した資料は見つからなかった。"緊急支援"という言葉はまだ存在しなかった。筆者は状況に目をやり，必要なことと可能なことの接点を見出しながら，対応を進めた。一つの対応を行い，その結果をみて，さらに必要なことを把握し，新たな対応を検討し行なった。その繰り返しだった。直後の対応だけでなく，その後も引き続き対応にあたった。

　難しい状況であったが，幸い，トラウマの問題に関わっていた友人からのサポートを得て，何とか対応することができた。職員会議や保護者会での心理教育，ストレス反応調査等など，学校コミュニティを意識した対応を中心に行った。後から振り返ってみても，的は大きく外していないと思われた。だが，「本当はもっとできたのではないか……」という思いは残った。

　また，どうしたらよいのか事前準備がないなかで対応にあたることの負担は小さくなかった。そこに点数をつけるとすれば及第点には遠く及ばなかった。筆者自身のダメージは小さくなかったのである。事前に学んでおくことの必要性と重要性は身をもって経験した。

　あの時から多くの時間が経過したが，筆者のなかでは，いくつもの場面がついこの間の出来事のように記憶されている。

　その出来事以降，改めて子どもたちの日常に目を向けると，いろいろな出来事が起きており，トラウマ体験をしている子どもたちが少なくないことを通常業務の中で理解した。報道されるような大きな出来事だけでなく，日常の中にあるトラウマに目を向け，支援することがスクールカウンセラーとし

て重要な課題であると考えるようになった。これらの経験が本書執筆の動機付けとなっている。

　トラウマ体験をする子どもの数が少なくないこと，その影響は後のさまざまな問題に関わることがデータとして明らかとなり，トラウマ・インフォームド・ケアという言葉が聞かれるようになった。わが国の学校において，それが定着するまでには少し時間が必要であろう。それは学校組織だけの課題ではなく，地域，専門機関との連携を含むものである。トラウマの専門的治療を行う機関や病院は，残念ながらわが国では限られているのが現状である。だが，学校の教職員としてすぐにできることもある。それはトラウマについて学び，日常の中で可能なケアをスタートすることである。まずは校務分掌として教育相談や生徒指導に関わる教員，養護教諭，スクールカウンセラーが学び，自ら可能な範囲で実践していくことが肝要である。そしてそれをバックアップし，推進していくために管理職の理解も重要である。トラウマ・インフォームド・スクールとは，すべての子どもたちが安全に，安心して学校生活を送り，勉強していける学校を目指しているのであり，それは全ての学校管理職が望むものであると考える。トラウマ・インフォームド・ケアという概念を知った時，長い間，漠然とした形で筆者自身が抱いていた問題意識がそこに整理され，展開されているように感じうれしく思った。

　トラウマの問題は広く，奥深いものだが，トラウマ・インフォームド・ケアという概念が学校現場でも広まることが期待される現在，トラウマに関する基礎知識を得るために本書が役立ち，その結果として子どもたちへのケアが充実することに少しでも貢献できれば幸いである。

　最後になりましたが，本書出版にあたり，遠見書房代表山内俊介さん，編集部原口進之介さんには大変お世話になりました。深く感謝申し上げます。

　2023 年 7 月

卜部　明

参考文献

1) Alisic, E., Conroy, R., & Thoresen, S. (2020) Epidemiology, Clinical Presentation, and Developmental Considerations in Children and Adolescents. In: D. Forbes, J. I. Bisson, C. M. Monson, & L. Berliner. (Eds.): *Effective Treatments for PTSD: Practice Guidelines from the International Society for Traumatic Stress Studies. The Guilford Press.* pp. 30-48.

2) Alisic, E., Zalta, A. K., van Wesel, F., Larsen, S. E., Hafstad, G. S., et al. (2014) Rates of post-traumatic stress disorder in trauma-exposed children and adolescents: Meta-analysis. *British Journal of Psychiatry,* 204(5); 335-340.

3) American Academy of Child and Adolescent Psychiatry (2010) Practice Parameter for the Assessment and Treatment of Children and Adolescents with Posttraumatic Stress Disorder. *Journal of American Academy of Child and Adolescent Psychiatry,* 49(4); 414-430.

4) American Psychiatric Association(2013)*Diagnostic and Statistical Manual of Mental Disorders, 5th ed (DSM-5).* American Psychiatric Association.（日本精神神経学会監修, 高橋三郎・大野裕監訳 (2014) DSM-5 —精神疾患の診断・統計マニュアル. 医学書院.）

5) American Psychological Association (2020) Building your resilience. https://www.apa.org/topics/resilience/building-your-resilience

6) 浅井鈴子・岩切昌宏・大岡由佳・瀧野揚三・中村有吾・毎原敏郎 (2020) 学校におけるトラウマインフォームドケアの実践 (第Ⅰ報) —中学校への介入研究の結果から. 学校危機とメンタルケア, 12; 25-32.

7) 浅野恭子・野坂祐子 (2019) 子どもの性問題行動の理解と支援—アタッチメントとトラウマの観点から—. In：笠原真理・日本トラウマティック・ストレス学会編集委員会編：子どものトラウマ—アセスメント・診断・治療—. 金剛出版. pp. 145-157.

8) 飛鳥井望 (2014a) DSV-Ⅳから DSM-5 へ：PTSD と ASD の変更点とその背景. トラウマティック・ストレス, 12(1); 35-42.

9) 飛鳥井望 (2014b) PTSD の初期面接. 臨床精神医学, 43(4); 481-485.

10) 飛鳥井望・神田橋條治・高木俊介・原田誠一 (2022) 複雑性 PTSD とは何か. 金剛出版.

11) Balaban, V. (2009) Assessment of Children. In: E. B. Foa, T. M. Keane, M. J. Friedman, & J. A. Cohen. (Eds.): *Effective Treatments for PTSD: Practice Guidelines from the International Society for Traumatic Stress Studies (2nd ed.).* The Guilford Press. pp.62-82. (岩切昌宏訳 (2013) 子どもの評価. In：飛鳥井望監訳：PTSD 治療ガイドライン, 第2版. 金剛出版. pp. 61-73.)

12) Benjet, C., Bromet, E., Karam, E. G., Kessler, R. C., McLaughlin, K. A., et al. (2016) The epidemiology of traumatic event exposure worldwide: results

from the World Mental Health Survey Consortium. *Psychological Medicine,* 46(2); 327-343.

13) Berkowitz, S., Bryant, R., Brymer, M., Hamblen, J., Jacobs, A., et al. (2010) *Skills for Psychological Recovery: Field Operations Guides.* (兵庫県こころのケアセンター訳（2011）サイコロジカル・リカバリー・スキル実施の手引き.)

14) Berliner, L., Meiser-Stedman, R., & Danese, A. (2020) Screening, Assessment, and Diagnosis in Children and Adolescents. In: D. Forbes, J. I. Bisson, C. M. Monson, & L. Berliner. (Eds.): *Effective Treatments for PTSD: Practice Guidelines from the International Society for Traumatic Stress Studies.* The Guilford Press. pp. 69-89.

15) Bisson, J. I. (2003) Early Interventions Following Traumatic Events. *Psychiatric Annals,* 33(1); 37-44.

16) Bisson, J. I., Berliner, L., Cloitre, M., Forbes, D., Jensen, T., et al. (2020) ISTSS PTSD Prevention and Treatment Guidelines: Recommendations. In: D. Forbes, J. I. Bisson, C. M. Monson, & L. Berliner. (Eds.): *Effective Treatments for PTSD: Practice Guidelines from the International Society for Traumatic Stress Studies.* The Guilford Press. pp. 109-114.

17) Bisson, J. I., Brayne, M. B., Ochberg, F. M., & Everly, G. S. Jr. (2007) Early Psychosocial Intervention Following Traumatic Events. *American Journal of Psychiatry,* 164(7); 1016-1019.

18) Bisson, J. I., McFarlane, A. C., Rose, S., Ruzek, J. I., & Watson, P. (2009) Psychological Debriefing for Adults. In: E. B. Foa, T. M. Keane, M. J. Friedman, & J. A. Cohen. (Eds.): *Effective Treatments for PTSD: Practice Guidelines from the International Society for Traumatic Stress Studies (2nd ed.).* The Guilford Press. pp.83-115. (筒井卓実訳（2013）成人の心理的デブリーフィング. In：飛鳥井望監訳：PTSD 治療ガイドライン，第2版. 金剛出版. pp. 77-92.)

19) Bleslau, N., Peterson, E. L., & Schultz, L. R. (2008) A Second Look at Prior Trauma and the Posttraumatic Stress Disorder Effects of Subsequent Trauma: A Prospective Epidemiology Study. *Archives of General Psychiatry,* 65(4); 431-437.

20) Brewin, C. R., Andrews, B., & Valentine, J. D. (2000) Meta-analysis of risk factors for posttraumatic stress disorder in trauma-exposed adults. *Journal of Consulting and Clinical Psychology,* 68(5); 748-766.

21) Brymer, M. J., Steinberg, A. M., Vernberg, E. M., Layne, C. M., Watson, P. J., et al. (2009) Acute Interventions for Children and Adolescents. In: E. B. Foa, T. M. Keane, M. J. Friedman, & J. A. Cohen. (Eds.): *Effective Treatments for PTSD: Practice Guidelines from the International Society for Traumatic Stress Studies (2nd ed.).* The Guilford Press. pp.106-116. (明石加代訳（2013）児童青年期の急性期介入. In：飛鳥井望監訳：PTSD 治療ガイドライン　第2版. 金剛出版. pp.93-100.)

22) Brymer M., Taylor M., Escudero P., Jacobs A., Kronenberg M., et al. (2012) *Psychological First Aid for Schools: Field Operations Guide, 2nd Edition.* Los Angeles: National Child Traumatic Stress Network. https://www.nctsn.org/sites/default/files/resources//pfa_schools.pdf

23) Chafouleas, S. M., Johnson, A. H., Overstreet, S., & Santos, N. M. (2016) Toward a Blueprint for Trauma-Informed Service Delivery in Schools. *School Mental Health,* 8; 144-162. Doi10.1007/s12310-015-9166-8

24) Child Sexual Abuse Task Force and Research & Practice Core, National Child Traumatic Stress Network. (2004) *How to Implement Trauma-Focused Cognitive Behavioral Therapy.* (兵庫県こころのケアセンター, 大阪教育大学学校危機メンタルサポートセンター訳 (2011) トラウマフォーカスト認知行動療法 (TF-CBT) 実施の手引. https://www.j-hits.org/_files/00106917/2_2tf-cbt_tebiki.pdf)

25) Cloitre, M., Cohen, L. R., & Koenen, K. C. (2006) *Treating Survivors of Childhood Abuse Psychotherapy for the Interrupted Life.* The Guilford Press. (金吉晴監訳 (2020) 児童期虐待を生き延びた人々の治療. 星和書店.)

26) Cloitre, M., & Schmidt, J. A. (2015) STAIR Narrative Therapy. In: U. Schnyder., & M. Cloitre. (Eds.): *Evidence Based Treatments for Trauma-Related Psychological Disorder.* Springer. pp.277-297. (伊藤亜希子訳 (2017) 感情と対人関係調整のスキルトレーニング・ナラティブセラピー. In：前田正治・大江美佐里監訳：トラウマ関連疾患心理療法ガイドブック—事例で見る多様性と共通性. 誠信書房. pp. 201-226.)

27) Cohen, J. A. (2003) Treating acute posttraumatic reactions in children and adolescents. *Society of Biological Psychiatry,* 53(9); 827-833.

28) Cohen, J. A., Mannarino, A. P., & Deblinger, E. (2017) *Treating Trauma and Traumatic Grief in Children and Adolescents.* The Guilford Press.

29) Cohen, J. A., Mannarino, A. P., Greenberg, T., Padlo, S., & Shipley, C. (2002) Childhood Traumatic Grief: Concepts and Controversies. *Trauma, Violence, & Abuse,* 3(4); 307-327.

30) Cole, S. F., Eisner, A., Gregory, M., & Ristuccia, J. (2013) Creating and Advocating for Trauma-Sensitive Schools. Helping Traumatized Children Learn 2. Trauma and Learning Policy Initiative. https//:www.traumasensitiveschools.org

31) 遠藤利彦 (2021) アタッチメント理論の成長と発展. In：遠藤利彦編：入門アタッチメント理論—臨床・実践への架け橋. 日本評論社. pp.53-88.

32) Felitti, V. J., Anda, R. F., Nordenberg, D., Williamson, D. F., Spitz, A. M., et al. (1998) Relationship of childhood abuse and household dysfunction to many of the leading causes of death in adults. The Adverse Childhood Experiences (ACE) Study. *American Journal of Preventive Medicine,* 14(4); 245-258.

33) Figley, C. (1999) Compassion fatigue. In: B. H. Stamm. (Ed.): *Secondary Traumatic Stress: Self-Care Issues for Clinicians, Researchers, and Educators.* Sidran Press. (小西聖子・金田ユリ子 (2003) 共感疲労. In：小西聖子・金子ユリ子訳：二次的外傷性ストレス. 誠信書房. pp. 3-28.)

34) Foa, E. B., Hembree, E. A., Riggs, D., Rauch, S., & Franklin, M. (2001) *Guidelines for mental health professionals' response to the recent tragic events in the U. S.* National Center for PTSD.

35) Forbes, D., Bisson, J. I., Monson, C. M., & Berliner, L. (Eds.) (2020) *Effective*

Treatments for PTSD: Practice Guidelines from the International Society for Traumatic Stress Studies. The Guilford Press.

36) Friedman, M. J., Cohen, J. A., Foa, E. B, & Keane, T. M. (2009) Integration and Summary. In: E. B. Foa, T. M. Keane, M. J. Friedman, & J. A. Cohen. (Eds.) *Effective Treatments for PTSD: Practice Guidelines from the International Society for Traumatic Stress Studies (2nd ed.).* The Guilford Press. pp.616-642.（飛鳥井望訳（2013）統合と要約．In：飛鳥井望監訳：PTSD 治療ガイドライン　第 2 版．金剛出版．pp.459-477.）

37) 藤森和美（2005）学校危機と心理的緊急支援．In：藤森和美編著：学校トラウマと子どもの心のケア—実践編．誠信書房．pp. 1-23.

38) 藤森和美（2009）死の局面に際して．In：藤森和美編著：学校安全と子どもの心の危機管理．誠信書房．pp. 22-32.

39) 藤森和美（2011）学校での緊急支援—横浜市モデルの効果と課題．被害者学研究, 21; 38-48.

40) 藤森和美（2019）性暴力被害事例の事例と対応—継父からの性虐待を受けていた女子中学生への対応—支援者の支援．教育と医学, 67(5); 376-383.

41) Fujiwara, T., Kawakami, N., & World Mental Health Japan Survey Group (2011) Association of childhood adversities with the first onset of mental disorders in Japan: Results from the World Mental Health Japan, 2002-2004. *Journal of Psychiatric Research,* 45(4); 481-487.

42) 服巻智子（2020）自閉スペクトラム症とトラウマ治療．トラウマティック・ストレス, 18(1); 22-29.

43) 福岡県臨床心理士会編，窪田由紀・向笠章子・林幹男・浦田英範（2005）学校コミュニティへの緊急支援の手引き．金剛出版．

44) Galea, S., Vlahov, D., Resnick, H., Ahern, J., Susser, E., et al. (2003) Trends of Probable Post-Traumatic Stress Disorder in New York City after the September 11 Terrorist Attacks. *American Journal of Epidemiology,* 158(6); 514-524.

45) 開浩一（2012）ポストトラウマティック・グロース—伝えずしていかに伝えるか．In：前田正治・金吉晴編：PTSD の伝え方—トラウマ臨床と心理教育．誠信書房．pp. 50-70.

46) 平野真理・梅原沙衣加（2018）レジリエンスの資質的・獲得的側面の理解にむけた系統的レビュー．東京家政大学研究紀要, 58(1); 61-69.

47) 平田悠里・遠藤利彦（2021）虐待・不適切な養育とアタッチメントの未組織化．In：遠藤利彦編：入門アタッチメント理論—臨床・実践への架け橋．日本評論社．pp. 169-180.

48) Hobfoll, S. E., Watson, P., Bell, C. C., Bryant, R. A., Brymer, M. J., et al. (2007) Five essential elements of immediate and mid-term mass trauma intervention: Empirical evidence. *Psychiatry,* 70(4); 283-315.

49) Hughes, K., Bellis, M. A., Hardcatle, K. A., Sethi, D., Butchart A., et al. (2017) The effect of multiple adverse childhood experiences on health: a systematic review and meta-analysis. *Lancet Public Health,* 2(8); 356-366. www.thelancet.com/public-health

50) Itoh, M, Ujiie, Y., Nagae, N., Niwa, M., Kamo, T., et al.(2017)A new short version of the Posttraumatic Diagnostic Scale: Validity among Japanese adults with and without PTSD. *European Journal of Psychotraumatology,* 8(1); 1364119. https://doi.org/10.1080/20008198.2017.1364119

51) Jaycox, L. H., Cohen, J. A., Mannarino, A. P., Walker, D. W., Langley, A. K., et al.(2010)Children's Mental Health Care Following Hurricane Katrine: A Field Trial of Trauma-Focused Psychotherapies. *Journal of Traumatic Stress,* 23(2); 223-231.

52) Jaycox, L. H., Stein, B. D., & Amaya-Jackson, L. (2009) School-Based Treatment for Children and Adolescents. In: E. B. Foa, T. M. Keane, M. J. Friedman, & J. A. Cohen. (Eds.): *Effective Treatments for PTSD: Practice Guidelines from the International Society for Traumatic Stress Studies (2nd ed.).* The Guilford Press. pp.327-345.（野坂祐子訳（2013）学校ベースでの児童青年期の治療．In：飛鳥井望監訳：PTSD治療ガイドライン，第2版．金剛出版．pp. 237-248.）

53) Jensen, T., Cohen, J., Jaycox, L., & Rosner, R. (2020) Treatment of PTSD and Complex PTSD. In: D. Forbes, J. I. Bisson, C. M. Monson, & L. Berliner. (Eds.): *Effective Treatments for PTSD: Practice Guidelines from the International Society for Traumatic Stress Studies.* The Guilford Press. pp. 385-413.

54) 亀岡智美（2013）子どものトラウマとアセスメント．トラウマティック・ストレス，10(2); 27-33.

55) 亀岡智美（2014）子どものトラウマフォーカスト認知行動療法について．In：友田明美・杉山登志郎・谷池雅子編：子どものPTSD―診断と治療．診断と治療社．pp. 262-268.

56) 亀岡智美（2016）子どものトラウマとレジリエンス．保健の科学, 58(11); 730-734.

57) 亀岡智美（2019a）トラウマフォーカスト認知行動療法（TF-CBT）．トラウマティック・ストレス，17(1); 45-53.

58) 亀岡智美（2019b）トラウマを抱えた養育者への子育て支援．こころの科学，206; 66-69.

59) 亀岡智美（2020）子ども虐待とトラウマケア―再トラウマ化を防ぐトラウマインフォームドケア．金剛出版．

60) 亀岡智美（2022a）トラウマインフォームドケアとは．In：亀岡智美編：トラウマインフォームドケア―様々な領域での展開．日本評論社．pp. 14-30.

61) 亀岡智美（2022b）社会的養護とトラウマインフォームドケア．In：亀岡智美編：トラウマインフォームドケア―様々な領域での展開．日本評論社．pp. 63-77.

62) 亀岡智美（2022c）子ども虐待とトラウマインフォームドケア．In：亀岡智美編：トラウマインフォームドケア―様々な領域での展開．日本評論社．pp. 47-62.

63) 亀岡智美・瀧野揚三・野坂祐子・岩切昌宏・中村有吾・加藤寛（2018）トラウマインフォームドケア―その歴史的展望．精神神経学雑誌，120(3); 173-185.

64) 菅野花恵（2012）アメリカにおける災害ソーシャルワーカーの二次的外傷性ストレスの危険・予防要因．ソーシャルワーク学会誌，25; 29-49.

65) Kawakami, N., Tsuchiya, M., Umeda, M., Koenen, K. C., & Kessler, R. C. (2014) Trauma and posttraumatic stress disorder in Japan: Results from the World Mental Health Japan Survey. *Journal of Psychiatric Research,* 53; 157-165.

66) 河野通英（2005）クライシス・レスポンス・チーム（CRT）の活動―山口県の試

み．In：藤森和美編著：学校トラウマと子どもの心ケア—実践編．誠信書房．pp. 136-157.

67) Kenardy, J., Kassam-Adams, N., & Dyb, G.（2020）Preventative and Early Interventions. In: D. Forbes, J. I. Bisson, C. M. Monson, & L. Berliner. (Eds.): *Effective Treatments for PTSD: Practice Guidelines from the International Society for Traumatic Stress Studies.* The Guilford Press.

68) Kessler, R. C., Aguilar-Gaxiola, S., Alonso, J., Benjet, C., Bromet, E. J., et al.（2017）Trauma and PTSD in the WHO World Mental Health Surveys. *European Journal of Psychotraumatology,* 8. https://doi.org/10.1080/20008198. 2017.1353383

69) 金吉晴（2003）災害時地域精神保健医療活動ガイドライン，平成 13 年度厚生科学研究費補助金（厚生科学特別研究事業）「学校内の殺傷事件を事例とした今後の精神的支援に関する研究」主任研究者：金吉晴．

70) 金吉晴（2006）トラウマ反応と診断．In：金吉晴編：心的トラウマの理解とケア，第 2 版．じほう．pp. 3-15.

71) 金吉晴・小西聖子（2016）PTSD（心的外傷後ストレス障害）の認知行動療法マニュアル（治療者用）［持続エクスポージャー療法／ PE 療法］持続エクスポージャー療法（Prolonged Exposure Therapy: PE）のプロトコル（概要）．不安症研究，特別号；155-170.

72) 金吉晴・中山未知・丹羽まどか・大滝涼子（2018）複雑性 PTSD の診断と治療．トラウマティック・ストレス，16(1)；27-31.

73) 北川恵（2021）アタッチメントの病理・問題と臨床実践．In：遠藤利彦編：入門アタッチメント理論—臨床・実践への架け橋．日本評論社．pp. 155-167.

74) 北岡和代（2017）バーンアウトの概念変遷：どこから来て，どこへ行こうとしているのか．ウェルネス・ヘルスケア学会，41(1)；1-11.

75) 子どもの心の診療ネットワーク事業中央拠点病院／国立成育医療センターこころの診療部（2019）子どものトラウマ診療ガイドライン．https://www.ncchd.go.jp/kokoro/disaster/to_torauma_Ver3.pdf

76) Koenen, K. C., Ratanatharathorn, A., Ng, L., McLaughlin, K., A., Bromet, E. J., et al.（2017）Posttraumatic stress disorder in the World Mental Health Surveys. *Psychological Medicine,* 47(13)；2260-2274.

77) 小泉令三（2022）SEL の定義と概論．In：渡辺弥生・小泉令三編著：ソーシャル・エモーショナル・ラーニング（SEL）—非認知能力を育てる教育フレームワーク．福村出版．pp. 8-19.

78) こころのケアセンター編（1999）災害とトラウマ．みすず書房．

79) 小西聖子（2003）トラウマのケア—治療者、支援者の二次的外傷性ストレスの視点から．トラウマティック・ストレス，1(1)；7-12.

80) 小西聖子（2006）トラウマへのケアの基本．In：金吉晴編：心的トラウマの理解とケア，第 2 版．じほう．pp. 17-32.

81) 小西聖子（2012）トラウマの心理学—心の傷と向きあう方法．NHK 出版．

82) Korte, K. J., Jiang, T., Koenen, K. C., & Gradus, J.（2020）Trauma and PTSD: Epidemiology, comorbidity, and clinical presentation in adults. In: D. Forbes, J. I. Bisson, C. M. Monson, & L. Berliner. (Eds.): *Effective Treatments for PTSD:*

Practice Guidelines from the International Society for Traumatic Stress Studies. The Guilford Press. pp. 13-29.

83) Le Brocque, R. M., Hendrikz, J., & Kenardy J. A.（2010）The Course of Posttraumatic Stress in Children: Examination of Recovery Trajectories Following Traumatic Injury. *Journal of Pediatric Psychology,* 35(6); 637-645.

84) Litz, B. T., & Bryant, R. A.（2009）Early Cognitive-Behavioral Interventions for Adults. In: E. B. Foa, T. M. Keane, M. J. Friedman, & J. A. Cohen (Eds.): *Effective Treatments for PTSD: Practice Guidelines from the International Society for Traumatic Stress Studies (2nd ed.).* The Guilford Press. pp.117-138.（齋藤梓訳 (2013) 成人の認知行動的早期介入．In：飛鳥井望監訳：PTSD 治療ガイドライン, 第2版．金剛出版．pp. 101-111.）

85) Litz, B. T., & Gray, M. J.（2004）Early Intervention for Trauma in Adults. In: B. T. Litz. (Ed.): *Early Intervention for Trauma and Traumatic Loss.* The Guilford Press. pp. 87-111.

86) 前田正治（2012）心理教育が目指す地平．In：前田正治・金吉晴編：PTSD の伝え方 ―トラウマ臨床と心理教育．誠信書房．pp. 2-21.

87) Maslach, C., & Jackson, S. E. (1981) The measurement of experienced burnout. *Journal of Occupational Behavior,* 2(2); 99-113.

88) Maslach, C., & Leiter, M. P.（1997）*The Truth About Burnout: How Organizations Cause Personal Stress and What to Do About it.* Jossey-Bass.

89) 桝屋二郎（2020）非行を起こした少年たちへの支援において大切な視点―発達とトラ ウマ．トラウマティック・ストレス, 18(1); 30-37.

90) McCart, M. R., Smith, D. W., & Sawyer, G. K.(2010)Help Seeking Among Victims of Crime: A Review of the Empirical Literature. *Journal of Traumatic Stress,* 23(2); 198-206.

91) McLaughlin, K. A., Koenen, K. C., Hill, E. D., Petukhova, M., Sampson, N. A., et al.（2013）Trauma Exposure and Posttraumatic Stress Disorder in a National Sample of Adolescents. *Journal of the American Academy of Child & Adolescents Psychiatry,* 52(8); 815-830.

92) McLean, C. P., Asnaani, A., & Foa, E. B.（2015）Prolonged Exposure Therapy. In: U. Schnyder., & M. Cloitre. (Eds.): *Evidence Based Treatments for Trauma-Related Psychological Disorders.* Springer. pp.143-159.（松岡美智子訳（2017）持続エク スポージャー療法．In：前田正治・大江美佐里監訳：トラウマ関連疾患心理療法ガ イドブック―事例で見る多様性と共通性．誠信書房．pp. 44-60.）

93) Mizuta, I., Ikuno, T., Shimai, S., Hirotsune, H., Ogasawara, M., et al.（2005）The Prevalence of Traumatic Events in Young Japanese Women. Journal of *Traumatic Stress,* 18(1); 33-37.

94) 文部科学省（2010）生徒指導提要．教育図書．

95) 本島優子（2021）胎児期・乳幼児期におけるアタッチメント．In：遠藤利彦編：入門 アタッチメント理論―臨床・実践への架け橋．日本評論社．pp. 97-111.

96) 中島聡美（2012）がんの遺族における複雑性悲嘆とその治療．ストレス科学, 27(1); 33-42.

97) 中島聡美（2021）複雑性悲嘆―概念と治療．臨床心理学, 21(6); 638-641.

98) 中島聡美・白井明美・小西聖子（2017）犯罪被害者遺族のメンタルヘルスとレジリエンス．ストレス科学，32(1); 30-42.

99) 中村有吾（2017）教育分野におけるトラウマインフォームドケアの概念と展開．学校危機とトラウマケア，9; 103-117.

100) 中村有吾（2018）教育領域における発達障害のトラウマケアについての一考察．大阪商業大学教職課程研究紀要，1(1); 37-47.

101) 中村有吾（2019a）トラウマセンシティブスクール─全児童生徒の安心感を高めるアプローチ．精神医学，61(10); 1135-1142.

102) 中村有吾（2019b）米国マサチューセッツ州におけるトラウマセンシティブスクールの実際．学校危機とメンタルケア，11; 1-14.

103) 中村有吾（2022）トラウマセンシティブスクールの枠組みと取り組み．In：亀岡智美編：トラウマインフォームドケア─様々な領域での展開．日本評論社．pp. 147-160.

104) National Child Traumatic Stress Network and National Center for PTSD（2006）*Psychological First Aid; Field Operations Guides (2nd, ed.)*.（兵庫県こころのケアセンター訳（2009）サイコロジカル・ファーストエイド.）

105) National Child Traumatic Stress Network, Schools Committee（2017）Creating, Supporting, and Sustaining Trauma-Informed Schools: A System Framework. Los Angeles, CA, and Durham, NC: National Center for Child Traumatic Stress.

106) Newell, J. M., & MacNeil, G. A.（2010）Professional Burnout, Vicarious Trauma, Secondary Traumatic Stress, and Compassion Fatigue: A Review of Theoretical Terms, Risk Factors, and Preventive Methods for Clinicians and Researchers. *Best Practices in Mental Health*, 6(2); 57-68.

107) 西澤哲（1999）トラウマの臨床心理学．金剛出版．

108) 西澤哲・西岡加名恵監修（2022）「『生きる』教育─自己肯定感を育み，自分と相手を大切にする方法を学ぶ．日本標準．

109) Norris, F. H., Stevens, S. P., Pfefferbaum, B., Wyche, K. F., & Pfefferbaum, R. L.（2008）Community Resilience as a Metaphor, Theory, Set of Capacities and Strategy for Disaster Readiness. *American Journal of Community Psychology*, 41; 127-150.

110) 野坂祐子（2019）トラウマインフォームドケア─"問題行動"を捉えなおす援助の視点．日本評論社．

111) 大江美佐里編（2021）トラウマの伝え方．誠信書房．

112) 岡野憲一郎（2006）PTSDの心理療法．In：金吉晴編：心的トラウマの理解とケア第2版．じほう．pp. 33-40.

113) 奥山眞紀子（2005）虐待を受けた子どものトラウマと愛着．トラウマティック・ストレス，3(1); 3-11.

114) Olff, M., Monson, C. M., Riggs, D. S., Lee, C., Ahlers, A., et al.（2020）Psychological Treatments: Core and Common Elements of Effectiveness. In: D. Forbes, J. I. Bisson, C. M. Monson, & L. Berliner. (Eds.): *Effective Treatments for PTSD: Practice Guidelines from the International Society for Traumatic Stress Studies*. The Guilford Press. pp. 169-187.

115) 大岡由佳・岩切昌宏・瀧野揚三・浅井鈴子・毎原敏郎・木村有里（2020）学校における トラウマインフォームドケアの実践（第Ⅱ報）—Ⅹ市の教員全体を対象にした性被害・性加害研修の結果から. 学校危機とメンタルケア, 12; 33-44.

116) 大澤智子（2012）災害現場における心理教育. In：前田正治・金吉晴編：PTSDの伝え方—トラウマ臨床と心理教育. 誠信書房. pp. 115-146.

117) Ozer, E. J., Best, S. R., Lipsey, T. L., & Weiss, D. S. (2003) Predictors of posttraumatic stress disorder and symptoms in adults: A meta-analysis. *Psychological Bulletin,* 129(1); 52-73.

118) Perfect, M. M., Turley, M. R., Carlson, J. S., Yohanna, J., & Gilles, M. P. S. (2016) School-Related Outcomes of Traumatic Event Exposure and Traumatic Stress Symptoms in Students: A Systemic Review of Research from 1990 to 2015. *School Mental Health,* 8; 7-43.

119) Pitcher, G. D. & Poland, S. (1992) *Crisis Intervention in the Schools.* The Guilford Press.（上地安昭・中野真寿美訳（2000）学校の危機介入. 金剛出版.）

120) RISTEX プロジェクト (2020) 困った人は、困っている人—「トラウマへの気づきを高める "人・地域・社会" によるケアシステムの構築」プロジェクト. https://www.jst.go.jp/ristex/pp/information/uploads/ooka_trauma.pdf

121) Roberts, N. P., Kitchiner, N. J., Kenardy, J., & Bisson, J. I. (2010) *Early psychological interventions to treat acute traumatic stress symptoms.* The Cochrane Collaboration. http://www.thecochranelibrary.com

122) Rolfsnes, E. S. & Idsoe, T. (2011) School-based intervention programs for PTSD symptoms: a review and meta-analysis. *Journal of Traumatic Stress,* 24(2); 155-165.

123) 酒井肇・酒井智惠・池埜聡・倉石哲也（2004）犯罪被害者支援とは何か—付属池田小事件の遺族と支援者による共同発信. ミネルヴァ書房.

124) Schnyder, U. (2012) Intercultural aspects of psychotraumatology: A European's view.（第11回　日本トラウマティック・ストレス学会：招待講演.）

125) Siegfried, C. B., Blackshear, K., National Child Traumatic Stress Network, with assistance from the National Resource Center on ADHD: A Program of Children and Adults with Attention-Deficit/Hyperactivity Disorder (CHADD). (2016) *Is it ADHD or child traumatic stress? A guide for clinicians.* Los Angeles, CA & Durham, NC: National Center for Child Traumatic Stress.（兵庫県こころのケアセンター訳（2017）ADHD？　それとも子どものトラウマティックストレス？　臨床家のためのガイド. http://www.j-hits.org/）

126) Shalev. A. Y. (2001) What is posttraumatic stress disorder?. *Journal of Clinical Psychiatry,* 62; 4-10.

127) Shapiro, F., Russell, M. C., Lee, C., & Schubert, S. J. (2020) Eye Movement Desensitization and Reprocessing Therapy. In: D. Forbes, J. I. Bisson, C. M. Monson, & L. Berliner. (Eds.): *Effective Treatments for PTSD: Practice Guidelines from the International Society for Traumatic Stress Studies.* The Guilford Press. pp. 234-254.

128) Shea, M. T. (2022) *Present-Centered Therapy for PTSD.* National Center

for PTSD. https://www.ptsd.va.gov/professional/treat/txessentials/present_centered_therapy.asp

129) 白井明美・小西聖子（2004）PTSDと複雑性悲嘆との関連—外傷性死別を中心に．トラウマティック・ストレス，2(1); 21-27.

130) 白井明美・佐藤志穂子（2006）遺族．In：金吉晴編：心的トラウマの理解とケア 第2版，じほう．pp. 249-264.

131) 白川美也子（2008）子どものPTSDとトラウマ反応の性差—トラウマ脆弱性形成の重要因子として．トラウマティック・ストレス，6(2); 49-66.

132) Substance Abuse and Mental Health Services Administration（2014）*SAMHSA's Concept of Trauma and Guidance for a Trauma-Informed Approach.* HHS Publication No. (SMA) 14-4884. Rockville, MD: Substance Abuse and Mental Health Services Administration.（大阪教育大学学校危機メンタルサポートセンター・兵庫県こころのケアセンター訳（2018）SAMHSAのトラウマ概念とトラウマインフォームドアプローチのための手引き．http://nmsc.osaka-kyoiku.ac.jp/）

133) 杉山登志郎（2017）発達障害とトラウマ．児童青年精神医学とその近接領域，58(4); 544-549.

134) 杉山登志郎（2019）発達性トラウマ障害と複雑性PTSDの治療．誠信書房．

135) 髙橋祥友（1999）青少年のための自殺予防マニュアル．金剛出版．

136) 宅香菜子（2014）悲しみから人が成長するとき— PTG．風間書房．

137) 宅香菜子（2016）PTG：その可能性と今後の課題．In：宅香菜子編著：PTGの可能性と課題．金子書房．pp. 196-212.

138) 田中究・白川美也子（2006）子どものトラウマ—犯罪・いじめ・虐待などを中心に．In：金吉晴編：心的トラウマの理解とケア 第2版．じほう．pp. 211-234.

139) Tedeschi, R. G., & Calhoun, L. G.（1996）The posttraumatic growth inventory: Measuring the positive legacy of trauma. *Journal of Traumatic Stress,* 9(3); 455-471.

140) Teicher, M. H. & Samson, J. A.（2013）Childhood Maltreatment and Psychopathology: A Case for Ecophenotypic Variants as Clinically and Neurobiologically Distinct Subtypes. *American Journal Psychiatry,* 170(10); 1114-1133.

141) Terr, L. C.（1979）Children of Chowchilla: A study of psychic trauma. *The Psychoanalytic Study of the Child,* 34; 547-623

142) Terr, L. C.(1991)Childhood traumas: an outline and overview. *American Journal of Psychiatry,* 148(1); 10-20.

143) 冨永良喜（2000）少年事件と心のケア：第一回被害者支援研修会．日本臨床心理士会．

144) 冨永良喜（2011）子どもの外傷性悲嘆とその対応—学校教育から心理療法まで．児童心理，65; 1511-1516.

145) 冨永良喜（2014）災害・事件後の子どもの心理支援—システムの構築と実践の指針．創元社．

146) 冨永良喜・髙橋哲・吉田隆三・住本克彦・加治川伸夫（2002）子ども版災害後ストレス反応尺度（PTSSC15）の作成と妥当性．発達心理臨床研究，8; 29-36.

147) 友田明美（2014）脳科学から見た PTSD．In：友田明美・杉山登志郎・谷地雅子編：子どもの PTSD ―診断と治療．診断と治療社．pp. 94-101.

148) 友田明美（2017）子どもの脳を傷つける親たち．NHK 出版新書.

149) 友田明美（2019）子ども虐待と脳科学―マルトリートメントによる脳への影響と回復へのアプローチ．トラウマティック・ストレス，17(2); 3-17.

150) Trickey, D., Siddaway, A. P., Meiser-Stedman, R., Serpell, L., & Field, A. P.(2012) A meta-analysis of risk factors for post-traumatic stress disorder in children and adolescents. *Clinical Psychology Review*, 32(2); 122-138.

151) 内海千種・中村有吾（2020）トラウマに配慮した学校づくり．In：藤森和美編著：学校トラウマの実際と対応―児童生徒への支援と理解．誠信書房．pp. 15-34.

152) 卜部明（2010）学校における"こころのケア"を充実させるために―スクールカウンセラーの視点から．トラウマティック・ストレス，8 (2); 85-87.

153) van der Kolk, B. A. (2005) Developmental Trauma Disorder: Toward a rational diagnosis for children with complex trauma histories. *Psychiatric Annals,* 35(5); 401-408.

154) World Health Organization（2018）ICD-11 for Mortality and Morbidity Statistics.

155) World Health Organization, War Trauma Foundation and World Vision International（2011）*Psychological first aid: Guide for field workers.* WHO: Geneva.（独立行政法人国立精神・神経医療研究センター，ケア・宮城，公益財団法人プラン・ジャパン訳（2012）心理的応急処置（サイコロジカル・ファーストエイド：PFA）フィールド・ガイド．https://www.ncnp.go.jp/saigai-kokoro/pdf/who_pfa_guide.pdf

156) 八木淳子（2020）大災害後の長期経過で顕在化する子どものトラウマと発達に関する複雑な問題の実相．トラウマティック・ストレス，18(1); 38-46.

157) 全国精神保健福祉センター長会（2016）学校危機　支援者ガイド 2 ―学校危機と危機対応．https://www.zmhwc.jp/pdf/news/SchoolCrisis2.pdf

索　引

付録のダウンロード方法

　本書 p.98-99 に掲載されている教職員向け心理教育資料は，PDF データを小社のホームページからダウンロードできます。

ご利用方法
　このダウンロードができるのは，本書の購入者に限ります。購入者以外の利用はご遠慮ください。また，本データのファイル形式は「PDF」になります。ファイルを開くには PDF を閲覧するソフトが必要となります。

本データのダウンロードの仕方
1）小社の販売サイト「遠見書房の書店」https://tomishobo.stores.jp/ にアクセスをしてください。
2）左上の検索ボタン（虫眼鏡のような形をしたアイコン）を押して，「購入者用ダウンロード資料」を検索してください。URL は，https://tomishobo.stores.jp/items/649137cfc1e66b003599cfc3 です。（もしくは下の二次元バーコードをお使いください）

3）「0 円」であることを確認して，「カート」に入れて，手続きを進めてください。ご入力いただくお名前などは何でも構いませんが，メールアドレスは後日の連絡用に必要になることもありますので正しいものをお使いください。
4）手順に沿ってダウンロードができたら，ファイルをクリックします。パスワードを要求される場合は，TIC23dl（ティー・アイ・シー・に・さん・ディー・エル）を入力してください
5）ファイルサイズは，0.4MB ほどです。
6）うまく行かない場合は，弊社 tomi@tomishobo.com までご連絡をください。

使用条件
・本付録が利用できるのは，本書の購入者のみです。購入者以外は利用できません。
・このデータは，購入者の臨床支援のために作られたものです。研修や教育とは関係のない第三者への本データの販売，譲渡，本データをウェブサイトや SNS などで不特定多数の方がアクセスできるようにすることなどは禁止します。
・本書の購入者が，授業や研修以外の活動において使用する場合（たとえばウェブサイトや印刷物に利用する等）は，弊社 tomi@tomishobo.com までお問い合わせください。
・不正な利用が見つかった場合は必要な措置をとらせていただきます。
・本書の付録の著作権についての問い合わせは，遠見書房が窓口になっています。何かわからないことがある場合，御気軽にお問い合わせください。
　遠見書房 tomi@tomishobo.com

著者略歴

卜部　明（うらべ・あきら）

明治学院大学大学院文学研究科修了（心理学修士）。

これまで主に教育領域で勤務。

元大阪教育大学学校危機メンタルサポートセンター共同研究員。

現在の所属は，相模原市教育委員会および国立音楽大学。

公認心理師・臨床心理士。

日本トラウマティック・ストレス学会会員。

ブックレット：子どもの心と学校臨床（9）

学校におけるトラウマ・インフォームド・ケア

SC・教職員のための TIC 導入に向けたガイド

2023 年 8 月 20 日　第 1 刷

著　　者　卜部　明
発 行 人　山内俊介
発 行 所　遠見書房

〒 181-0001 東京都三鷹市井の頭 2-28-16
TEL 0422-26-6711　FAX 050-3488-3894
tomi@tomishobo.com　http://tomishobo.com
遠見書房の書店　https://tomishobo.stores.jp

遠見書房